# HAUL AC AWYR LAS

*Blwyddyn yn y Wladfa*

## Cathrin Williams

GWASG GEE

*Argraffiad Cyntaf: Hydref 1993*
*Ail Argraffiad: Ionawr 1994*

ISBN 0 7074 0236 0

*Dymuna'r cyhoeddwyr gydnabod, cymorth a chyfarwyddyd Adrannau'r Cyngor Llyfrau Cymraeg a noddir gan Gyngor Celfyddydau Cymru.*

*Argraffwyr a Chyhoeddwyr:*
GWASG GEE, LÔN SWAN, DINBYCH, CLWYD

Cyflwynedig i Nel yng Nghymru a Iara yn y Wladfa, dwy fach ddwyflwydd oed sy'n rhannu'r un pen blwydd, gan hyderu y cânt gyfarfod ryw ddydd a bod yn ddolennau newydd yn y gadwyn sy'n uno'r ddwy wlad.

# Rhagair

Beth sy'n symbylu dyn i ysgrifennu llyfr? Yn fy achos i y gobaith y byddwn felly yn dod yn rhydd o grafangau'r wlad ryfedd hon ym mhen draw'r byd sy'n llwyddo i rwydo cynifer ohonom gan ein hudo'n ôl iddi o hyd ac o hyd. Hynny a'r awydd i ddiolch i fy holl ffrindiau draw am y croeso anhygoel a gefais a'r caredigrwydd dihysbydd.

Yn sicr, nid llyfr hanes yw hwn na llyfr taith ond yn hytrach gofnod personol o flwyddyn 'draw' a disgrifiad o'r wlad fel y cefais i hi. Byddai disgrifiad rhywun arall yn gwbl wahanol mae'n siŵr gan fod i bawb ei Wladfa ei hun.

Gobeithio y bydd darllen hwn yn codi digon o hiraeth ar y rhai a fu yno eisoes i ddychwelyd ac yn symbylu eraill i fentro yno am y tro cyntaf.

Bu'r Bonwr Emlyn Evans a Gwasg Gee yn gefnogol iawn pan soniais am y llyfr arfaethedig ac rwy'n falch o'r cyfle i ddiolch iddynt am eu ffydd yn cyhoeddi'r gyfrol hon ac am y gwaith glân wrth ei hargraffu. Diolch hefyd i'r Fones Brenda Wyn Jones am fwrw golwg derfynol dros y proflenni gan fy achub rhag ambell gam gwag.

# Cynnwys

*Tud.*

MAN CYCHWYN ... ... ... ... ... 11

CYRRAEDD AM Y PEDWERYDD TRO ... ... 15

CARTREF NEWYDD ... ... ... ... ... 19

Y CAR, NEU 'MOTO'R PREGETHWR' ... ... 25

GWEITHIO ... ... ... ... ... ... 28

ORIAU HAMDDEN ... ... ... ... ... 34

GWEITHGAREDDAU ... ... ... ... 40

BWYD ... ... ... ... ... ... 44

Y PETHAU BOB DYDD ... ... ... ... 48

ANIFEILIAID ... ... ... ... ... ... 53

DYDDIAU SUL ... ... ... ... ... 59

GWYLIAU ... ... ... ... ... ... 65

EISTEDDFODAU ... ... ... ... ... 71

CRWYDRO YMHELL ... ... ... ... 75

I'R DE ... ... ... ... ... ... ... 84

TUA'R ANDES ... ... ... ... ... 91

CRWYDRO'N AGOS ... ... ... ... ... 99

YMWELWYR O GYMRU ... ... ... ... 105

AR I WAERED ... ... ... ... ... 109

CYN CEFNU'N LLWYR ... ... ... ... 113

FFARWELIO ... ... ... ... ... ... 117

EDRYCH YN ÔL ... ... ... ... ... 122

# Man Cychwyn

Wn i ddim yn iawn pryd y cefais i'r syniad. Mae'n siŵr gen i iddo fod yn llechu yng nghefn y meddwl ers tro byd cyn imi gydnabod ei fodolaeth. Ac yn ddigon anfoddog y gwnes i hynny gan fod cydnabod yn golygu gweithredu, a'r gweithredu'n mynd i ddarfu ar fy myd bach cartrefol, digyffro i.

Ond efallai y dylwn i fynd yn ôl i'r dechrau er na wn i ddim yn iawn pryd oedd hwnnw chwaith. Mae yna rai pobl sy'n gallu cofio'n iawn y tro cyntaf iddyn nhw glywed am Batagonia a'r Wladfa Gymreig yno, ond alla i ddim honni bod yn un ohonyn nhw. Yn sicr, ar yr aelwyd gartref y dysgais i am yr antur fawr a dod i wybod fod yno o hyd rai'n siarad Cymraeg. Addysg gwbl Seisnig gefais i a gwn i sicrwydd na fu sôn yn yr ysgol am ddim byd mor anturus â'r ymfudo hwn i ben draw'r byd. Ond alla i ddim cofio'r amser nad oedd hi'n freuddwyd gen i fynd yno ryw ddydd. Y drwg oedd mai yn ystod tymor yr ysgol yr âi pob taith, ac mi wyddwn yn iawn nad oedd gen i obaith cael fy rhyddhau tra oeddwn i'n dysgu ym Mhenarlâg gan nad oedd fy mhrifathro yno'n cydnabod bodolaeth y Gymraeg.

Daeth tro ar fyd, fodd bynnag, ar ôl symud i'r Coleg Normal, ond y ffliw fu'n allwedd i'r cyfan yn y pen draw. Dyna lle'r oeddwn i ryw fore ym mis Mawrth 1981 yn sâl yn y gwely, yn isel fy ysbryd ac yn ddigon diflas i ddarllen pob gair o'r papur-am-ddim ddaeth drwy'r drws y bore hwnnw. Ynddo roedd llythyr gan y diweddar Barchedig Geraint Owen yn sôn am ei daith arfaethedig i Ariannin ac yn gwahodd rhagor i ymuno ag o. Dyma ffonio'n syth a chael bod digon o le, ond y byddai'n rhaid cael wythnos ychwanegol o wyliau oherwydd er eu bod yn mynd dros y Pasg doedd y dyddiadau ddim yn cyd-daro â gwyliau'r coleg. Ond diolch i brifathro hynaws fe gefais ganiatâd i golli wythnos o waith ac ymhen tair wythnos roeddwn i ar fy ffordd yn un o griw bach o naw. Pythefnos union gawsom ni yn y Wladfa, wythnos yn Nhrelew ac wythnos yn Esquel, ond dyna pryd y penderfynais i fy mod i am fynd yn ôl, a mynd ar fy mhen fy hun.

Bum mlynedd a thri chwarter wedyn, adeg y Nadolig 1986, dyma ei chychwyn hi unwaith eto ar y daith hir. Yn y cyfamser bu ffrindiau o'r Wladfa'n aros efo mi ac roedden nhw wedi fy sicrhau y byddai imi groeso yno, a chan fod dau ohonynt yn byw yn Buenos Aires roedd gen i rywun i fy nghyfarfod a lle i aros nes cael yr awyren i Drelew. Ac aros efo ffrindiau wnes i yn Nhrelew, Gaiman ac Esquel hefyd, a mwynhau pob munud o fy amser yno.

Rwy'n dal i ddweud mai mynd yn ôl yr eildro oedd y camgymeriad mawr. Petawn i wedi bod yn gall fel y rhan fwyaf o bobl, a bodloni ar un ymweliad, efallai na fyddai'r lle wedi mynd i'r gwaed, ond unwaith yr es i'n ôl dyna fi wedi fy swyno am byth ac ymhen blwyddyn a hanner roeddwn i yno am y trydydd tro a chan imi fynd ym mis Gorffennaf, ar ddechrau gwyliau'r coleg, cefais aros am saith wythnos. Ac efallai mai dyna pryd y penderfynais i fod yn rhaid imi dreulio blwyddyn yno; blwyddyn gron er mwyn imi gael gweld pob tymor yn ei dro ac adnabod y wlad a'i phobl yn eu dillad gwaith, fel 'tai.

Ond roedd rheswm arall dros fod ag awydd treulio blwyddyn 'draw'. Yn ystod fy ymweliadau roeddwn i wedi bod yn ymwybodol o'r ffaith fod yna gryn ddiddordeb mewn dysgu Cymraeg a chafwyd cyfarfod i drafod hyn pan oeddwn i yno yn Ionawr '87. Ond bryd hynny doeddwn i ddim yn teimlo mai fi oedd yr un iawn i wneud y gwaith. Wedi'r cyfan, doeddwn i dros fy hanner cant oed, ac yn ddigon cysetlyd ar ôl byw ar fy mhen fy hun ers dros ugain mlynedd. Roedd angen rhywun ifanc, bywiog allai addasu'n hawdd i wahanol sefyllfaoedd. Mae'n wir fod gen i ddigon o brofiad o ddysgu Cymraeg fel ail iaith, ond roedd gen i un anfantais arall, allwn i ddim siarad Sbaeneg. Ond y gwir yw, nad oedd y person 'iawn' ddim yn ymddangos ac roedd y syniad o gynnig fy hun yn mynnu ymwthio i'r wyneb o hyd. Yn y diwedd doedd dim i'w wneud ond cydnabod i'r byd, fel 'tai, fy mod i am wneud peth a dybiai rhai oedd yn gwbl wallgo a mentro draw am flwyddyn, os oedd hynny am fod o fudd i'r Wladfa ac os cawn i ganiatâd y coleg, dau os go fawr yn wir. Daeth yr ateb o'r Wladfa'n syth ac yn ddigon brwd-frydig i roi hyder imi fynd i weld fy mhrifathro. Roedd yntau, bendith arno, yn cydymdeimlo unwaith y deallodd o y byddwn i'n fodlon gwneud heb fy nghyflog am y flwyddyn ond roedd yn rhaid wrth ganiatâd llywodraethwyr y coleg. Fe ddaeth hwnnw'n union cyn y Nadolig yn 1989 a dyna'r anrheg orau gefais i'r flwyddyn honno.

Ond dim ond dechrau pethau oedd hyn. Bu bron imi ddweud 'dechrau gofidiau', oherwydd rhwng hynny a chychwyn roedd cant a mil o bethau i'w gwneud. Dyna ichi fusnes y *visa* i ddechrau. Maen nhw'n dweud i mi fod y cysylltiad rhyngom ni ac Ariannin wedi gwella ond y dyddiau hynny o ffonio'n ôl a blaen i'r llysgenhadaeth yn Llundain roeddwn i'n amheus iawn oedd hynny'n wir. Mae unrhyw un sy wedi gorfod delio â biwrocratiaeth ar ei waethaf yn sicr o gydymdeimlo â fy nheimladau wrth imi gael fy nhrosglwyddo o'r naill lais i'r llall ar y ffôn a hynny rhwng un o'r gloch a thri y pnawn, yr unig amser yr oedd y sefydliad hwnnw'n derbyn galwadau oddi wrth y cyhoedd. Dim ond rhyw dair wythnos cyn amser cychwyn y cefais wybod fod y *visa* hir-ddisgwyliedig wedi cyrraedd a hynny ar ôl i ffrind o Ariannin oedd yn aros yma ffonio ar fy rhan. Rwy'n dal yn llwyr argyhoeddedig mai acen De'r Amerig yn y Sbaeneg gafodd y *visa* hwnnw imi. Nid fy mod wedi ei gael drwy'r post wrth gwrs, byddai hynny'n rhy syml. O na, roedd yn rhaid mynd yno i'w nôl, fel petai Llundain i lawr y ffordd o Borthaethwy a minnau yno bob dydd. Bellach fy nghyngor i unrhyw un sy'n mynd i Ariannin ac yn bwriadu aros yno am fwy na thri mis yw peidio â thrafferthu cael *visa* ond yn hytrach ymweld â Chile a dod yn ôl i mewn i'r wlad o'r newydd a chael stamp ar y pasport sy'n rhoi caniatâd i aros am dri mis arall. Dyna mae pawb call yn ei wneud ond roedd gen i ormod o barch i'r gyfraith, neu ormod o'i hofn i fentro.

Problem arall yr oedd yn rhaid ei hwynebu oedd beth i'w wneud â'r tŷ. Doeddwn i ddim am ei adael yn wag am flwyddyn ond roeddwn i wedi clywed cymaint o straeon difrifol am denantiaid diofal neu waeth. Eto daeth y ffrind o Ariannin i'r adwy. A chan fod ganddi ran bellach yn y stori yma, gwell imi ei henwi ac egluro tipyn mwy amdani. Mae Nadine Laporte, neu Nadibel fel y'i gelwir yn aml, yn or-or-wyres i Lewis Jones a Michael D. Jones, wedi ei magu yn y Wladfa i rieni di-Gymraeg er bod ei thaid a'i nain ar ochr ei mam yn Gymry Cymraeg. Dair blynedd yn ôl penderfynodd ddysgu Cymraeg ac i'r perwyl hwnnw daeth i Goleg Harlech a chan fy mod i wedi cyfarfod ei mam ar un o f'ymweliadau â'r Wladfa yma y gwnaeth ei chartref fwy neu lai yn ystod gwyliau'r coleg. Yn ffodus i mi roedd arni awydd aros yng Nghymru am flwyddyn arall a chafodd ei derbyn i Goleg y Brifysgol ym Mangor i wneud gradd M.A. A dyna finnau wedi setlo problem y tŷ — a phroblem y gath o ran hynny! Ond hyd yn oed wedyn roedd cant a mil o bethau i'w gwneud cyn y gallwn gychwyn a phan ddaeth y dyddiad i wneud hynny, sef y degfed o Orffennaf, 1990, doeddwn i ddim yn sicr os mai mynd ynteu dŵad oeddwn i. Ond o leiaf, er y blinder, roeddwn o'r diwedd yn mynd i gyflawni'r hyn yr oeddwn i wedi breuddwydio amdano ers cymaint o amser, sef treulio blwyddyn 'draw'.

# Cyrraedd am y Pedwerydd Tro

Mae'n rhyfedd mor wahanol yw pob cyrraedd hyd yn oed i'r un lle. Ar ryw olwg roedd cyrraedd maes awyr Ezeiza yn Buenos Aires yn brofiad cyfarwydd ond eto roedd y ffaith fy mod yn dod i aros blwyddyn y tro hwn yn ei wneud yn unigryw. Ond yno'n fy nisgwyl fel arfer roedd Vali a Jorge Irianni, y hi'n Gymraes o'r Dyffryn ac yntau'n Eidalwr o dras, wedi ei eni a'i fagu yn y brifddinas ond yn un y gellid dweud amdano yntau 'y mae yn caru ein cenedl ni'. Wn i ddim faint o Gymry y mae'r ddau yma wedi eu cyfarfod yn y maes awyr ac wedi eu croesawu i'w cartref hynod o Gymreig, ond gwn i sawl un gael yr un croeso twymgalon ag a gefais i ac nid ganddyn nhw yn unig ond gan eu plant hefyd, a'r rheini er yr holl anawsterau o gael eu magu ymhell o sŵn yr iaith, yn siarad cryn dipyn o Gymraeg ac yn frwd dros ei chadw. Yno gyda Vali a Jorge, eu plant a phlant eu plant y cefais i amser i gael fy ngwynt ataf cyn mynd yn fy mlaen i'r Dyffryn ymhen ychydig ddyddiau.

I mi mae yna rywbeth deniadol yn Buenos Aries. Mae'n wir fod yma olion tlodi a diffyg gofal mewn mannau ond eto mae ei hysbryd yn anorchfygol a'i strydoedd yn orlawn o fywyd. 'Alla i ddim honni fy mod yn ei hadnabod yn dda o gwbl ac un o'r trafferthion i mi yw cysylltu ei gwahanol rannau, ond yr un man y byddaf yn mynd yn ôl iddo bob tro yw Stryd Florida. Yma ar ddiwedd awr y siesta mae'r byd i gyd yn cyfarfod a gellir gweld aml i ganwr, acrobat neu lyncwr tân yn ceisio ennill ei damaid ar y stryd fin nos a'r goleuadau'n

15

troi perfformiad cyffredin yn gampwaith. Ac mae'r adeiladau'n werth eu gweld, yn addurnedig a chadarn a'r gwaith haearn arnyn nhw'n atgoffa dyn o Baris neu ryw brifddinas Ewropeaidd arall. Stryd i siopa ynddi yw Stryd Florida, ond stryd i sefyll yn gegagored i syllu arni yw Stryd 9 de Julio. Mae ei lled yn ddychryn i ddyn a'r drafnidiaeth sy'n mynd hyd-ddi mor gwbl ddi-hid o unrhyw reolau nes bod ei chroesi'n hunllef. Y rhyfeddod yng nghanol yr holl brysurdeb yw fod dyn yn gallu taro ar ddamwain ar Gymro a chael sgwrs yn Gymraeg. Ac mae hyn yn rhyfeddod oherwydd mae hon yn ddinas anferthol a'r Cymry ynddi'n byw yn bell iawn oddi wrth ei gilydd. Eu man cyfarfod yw Casa Chubut ac yma unwaith y mis y ceir cyfle am sgwrs a phaned, ambell ddarlith ac ymarfer canu, a'r Cymry brwd hyn yn teithio cryn bellter er mwyn cael cyd-gyfarfod. A'r sgwrs yno? Y Dyffryn a'i bethau wrth gwrs, oherwydd yno mae'r gwreiddiau.

Wedi treulio rhyw dridiau yn y brifddinas dyma finnau'n ei throi hi am y Dyffryn a mynd unwaith eto mewn awyren. Gallwn fod wedi teithio'n llawer rhatach yn y bws ond roedd meddwl am daith o ryw ugain awr yn ormod imi. Ond rhyw ddydd bydd yn rhaid mentro er mwyn cael gweld y wlad. Y drwg yw fy mod i mor awyddus i gyrraedd bob tro, ac yn anfodlon gwastraffu amser yn teithio pan allwn fod yn ei dreulio efo ffrindiau.

Mae hi'n amhosibl disgrifio'r profiad o gyrraedd maes awyr Trelew. Yn wir mae'r cyrraedd cyntaf hwnnw yn 1981 yn dal yn un o brofiadau mawr fy mywyd. Mae'r maes awyr mewn man hynod o ddiffaith ar ganol y paith ychydig y tu allan i'r ddinas a does dim i'w weld yno ond llwyni drain. Roedd gweld y paith diderfyn hwn y tro cyntaf un yn peri rhyw dristwch eithriadol a'r hyn oedd yn dod i fy meddwl wrth edrych arno fo oedd yr adnod 'I ba beth y bu'r golled hon?'. I feddwl bod y Cymry wedi gadael gwlad hardd gyfannedd er mwyn dod i'r ffasiwn le. Ond yna fe'n boddwyd mewn môr o leisiau Cymraeg a diflannodd pob tristwch. Rwy'n cofio'n iawn y dagrau y tro cyntaf hwnnw a minnau'n ofni y byddai rhywun yn sylwi, ond doedd dim rhaid poeni dim,

16

Ogof ar draeth Porth Madryn

Stryd Fontana, Trelew

*Llun: Vida Roberts*

Teatro Español, Trelew

*Llun: Marilyn Lewis*

Capel Tabernacl, Trelew

doedd pawb ohonom ni'n crio. A chrio wnes i'r tro yma hefyd wrth weld y criw o ffrindiau'n fy nisgwyl a'u clywed yn canu nerth esgyrn eu pennau, "Haleliwia, Haleliwia, Moliant iddo byth, Amen". Wn i ddim am addasrwydd y geiriau ond roedd y croeso'n un nodweddiadol Wladfaol.

Pan fûm i yn y Wladfa yn 1986 digwyddodd rhywbeth fu o fantais imi byth wedyn. Roedd gwraig nad oeddwn wedi ei chyfarfod cyn hynny wedi colli ei gŵr ar ôl cyfnod hir iawn o waeledd a hithau o'r herwydd yn isel ei hysbryd. Dyma rai o'i ffrindiau yn penderfynu y byddai'n llesol iddi gael rhywbeth i fynd â'i meddwl, a fi oedd y rhywbeth hwnnw. A chwarae teg iddyn nhw, nid meddwl amdani hi'n unig yr oedden nhw. Wedi'r cyfan, doedd hi'n byw mewn cyrraedd cerdded i'r dref a doedd ganddi gar! Yn ystod yr ymweliad hwnnw daeth Elena Arnold a minnau'n ffrindiau mawr a byth oddi ar hynny dyna fy nghartref yn Nhrelew. Yn naturiol felly, yno y treuliais i nosweithiau cyntaf fy mlwyddyn yn y Wladfa ac Elena'n fy nifetha'n llwyr fel arfer. A dyna beth braf ydi cael cartref sefydlog mewn gwlad ddieithr.

Felly ar ôl cael fy magiau yn y maes awyr dyma fynd i dŷ Elena yn ei char bach lliw wy hi a chael bod ambell un wedi cyrraedd o'n blaenau er mwyn fy nghroesawu efo tot o fati. Doedden nhw ddim wedi anghofio am fy hoffter i o hwnnw. Ac ar ôl rhoi'r byd yn ei le efo ambell un alwodd i ddweud helô dyma fynd ar wahoddiad Hawys, chwaer Elena, i fwyty ei mab René i gael swper. Roeddwn innau wrth fy modd oherwydd roedd ar fin agor hwn y tro diwetha imi fod yn Nhrelew ac roedd yn braf rŵan cael prawf fod yr El Quijote yn lle da am fwyd ac yn llwyddo. Ond mae arfer Ariannin o fwyta'n hwyr yn dal i fy nhrechu ar adegau a chredaf y noson honno imi fod yn cysgu cyn cael fy mhwdin!

### DE AMERICA

*Ad-argraffwyd trwy ganiatâd Canolfan Technoleg Addysg Clwyd.*

# Cartref Newydd

Pan sylweddolodd Luned González, Prifathrawes Coleg Cam-
wy yn Gaiman, y byddwn flwyddyn yn y Wladfa, cynigiodd
Dŷ'r Camwy imi, a chan fy mod innau'n awyddus i ddal yn
ffrindiau ag Elena ar ddiwedd y flwyddyn derbyniais y cynnig
yn ddiolchgar iawn. Gan mai dim ond efo'r gath y bûm i'n
rhannu tŷ ers blynyddoedd byddwn yn sicr o'i chael yn anodd
byw efo neb dros gyfnod hir, neu a bod yn onest, byddai
unrhyw un arall yn ei chael yn anodd byw efo mi, felly Tŷ'r
Camwy oedd y waredigaeth. Ond braidd yn betrus oeddwn i
hefyd. Wedi'r cyfan, mewn tref y cefais i fy magu a phentref
yw Gaiman, pentref lle mae pawb yn gwybod hanes pawb.
Ond rhai da am roi croeso i ymwelwyr o Gymru yw pobl
Gaiman a buan y dois yn gynefin â byw yno a dod i deimlo
i ryw raddau fy mod yn perthyn.
   Mae Tŷ'r Camwy y drws nesaf i Goleg Camwy ar ben uchaf
Stryd Michael D. Jones, yn fwthyn unllawr o frics â tho sinc
iddo fo. Does yna ddim gardd, dim ond rhyw libart o bridd
o'i gwmpas a choeden neu ddwy yn tyfu er gwaetha'r sychder.
Mae o'n edrych yn fychan iawn o'r tu allan ond mae yna
ddwy ystafell fyw, dwy ystafell wely, cegin a stafell molchi.
Mae hi'n anodd disgrifio beth sy'n ei wneud mor wahanol i
dai o'r un maint yng Nghymru. Hen dŷ ydi o ond heb fod yn
hen iawn, dim ond yn ddigon hen i fod â holl anfanteision
henaint heb ddim o'r pethau hynny sy'n gwneud hen dai yn
ddeniadol. Doedd y drysau a'r ffenestri ddim ar eu gorau ac
o'r herwydd gallai fod yn drafftiog, ac roedd y to'n gollwng

mewn ambell fan. A dysgais yn fuan iawn fod yna anfantais a manteision i do sinc. Yno ar bwys y corn simdde y cysgai cathod y fro yn y nos yn y gaeaf a phan âi hi'n ffrae rhwng dwy gath a hnono'n troi'n gwffas byddai eu stŵr yn fy neffro a gallwn eu clywed yn sgrialu ar draws y to. Y fantais oedd y gallwn i hefyd glywed y glaw yn taro arno cyn gynted ag y dechreuai lawio a golygai hyn nad oedd y dillad oedd ar y lein fyth yn gwlychu. Roedd y sustem drydan gyda'r gwifrau'n crwydro hyd wyneb y pared ac yn hongian yn beryglus yr olwg o'r nenfwd yn ddigon â dychryn rhai mwy gwybodus na mi ynghylch y fath bethau. Rhyw fath o fwd oedd y plastar a hwnnw yn glytwaith mân dros y waliau ac yn graciau mân hefyd er nad oedd dim o'i le arno fo. Felly yr oedd o. Ond prif ogoniant y tŷ oedd ei loriau pren. Pan oedd y rheini newydd eu sgleinio roeddwn i'n teimlo mai pris bychan i'w dalu oedd y penliniau dolurus. Roedd y tŷ'n llawn dodrefn a llyfrau a chefais fenthyg llestri gan wahanol ffrindiau nes bod fy myw yno'n gysurus iawn a bu'r hen dŷ yn sicr yn gartref imi, a phan ddaeth yr amser i'w adael roedd fel gadael hen ffrind. Do, fe ddois yn ffrindiau mawr â Thŷ'r Camwy a gwae neb a'i bychano neu a'i beirniado.

Stryd hir lydan yw Stryd Michael D. Jones a chan fy mod yn byw ar y pen uchaf roedd yn rhaid ei cherdded ar ei hyd wrth fynd i siopa. Ac fel yr âi'r flwyddyn yn ei blaen âi'r daith yn hwy, yn enwedig ar nosweithiau braf o haf, oherwydd roedd tua thri chwarter y rhai oedd yn byw ynddi yn siarad Cymraeg a phawb bob amser yn barod am sgwrs. Hanner ffordd i lawr y stryd yr oedd siop Emyr, siop bentref yng ngwir ystyr y gair yn gwerthu tipyn o bob peth, ac roedd Emyr Williams a Melba ei wraig yn Gymry. Yn anffodus, y tro cyntaf imi fynd i mewn gofynnais am beint o lefrith i Melba yn lle litar o laeth a byth oddi ar hynny mynnai mai Emyr oedd yn gofalu amdanaf bob tro. Biti na fyddai pob siop yng Nghymru cyn laned â hon a barclod pob siopwr fel un Emyr oedd yn disgleirio bob dydd o'r newydd yng ngwynder ei starts.

A chan fy mod wedi sôn am siop Emyr waeth i mi sôn am

un neu ddwy arall ddim. Roedd yna bethau nad oedd modd eu cael yno a felly rhaid oedd mynd ymhellach, er nad oes unman yn Gaiman yn bell. A dweud y gwir fe chwiliwn am esgus ambell waith i fynd i siop Onen Williams, a phrynais dros y flwyddyn sawl cerdyn post diangen. Yno yn teyrnasu yng nghanol cymysgfa o bob math o nwyddau, rhai yn bentyrrau ar lawr, yr oedd hi a'i brawd. Erbyn meddwl, merched welwn i yn siop Emyr gan amlaf ond dynion oedd fwyaf yn siop Onen a hyd y gwelwn i dod yno am sgwrs yr oedd llawer ohonyn nhw. A dyna ogoniant siopau o'r fath. Roedd archfarchnad Arce'n ddefnyddiol iawn ond nid yr un oedd yr awyrgylch, ac eto fe'i gwerthfawrogwn am y gallwn weld beth oedd ar gael. A pheth digon anodd yw prynu bwyd mewn gwlad arall am fod y cyfarwydd yn aml ar goll a'r silffoedd yn llawn nwyddau dieithr y bu'n rhaid imi gael eglurhad ar eu defnyddioldeb. Ac roedd prynu cig yn gamp. Doeddwn i erioed o'r blaen wedi sylweddoli mor wahanol yw dull pob gwlad o dorri cig a wyddwn i ar y ddaear beth oedd y talpiau coch oedd ar gownter cig siop Arce.

Mae'n syn fel y mae dyn yn sefydlu patrwm yn fuan iawn, a daeth y siopau hyn yn gwbl gyfarwydd i mi ar draul rhai eraill oedd yn gwerthu'r un math o bethau. Doedd dim prinder siopau yn Gaiman er bod yna amryw oedd wedi gorfod cau oherwydd y sefyllfa economaidd, a gallwn fod wedi prynu dillad yno a chael fy newis o ddwy siop a gedwid gan Gymry Cymraeg. Ac yn Gymraeg y prynwn betrol bob amser, a chael yr un geiriau bob tro wrth roi'r arian, 'Dyna fo, thenciw'. Ond erbyn meddwl nid petrol a brynwn ond *nafta*. Ac eto pan oedd toriad trydan a'r oel yn y lamp ar ben bu'n rhaid mynd i'r garej i brynu rhagor. Am oel lamp y gofynnais i ond 'petrol coch' gefais i! Roedd byw yn Gaiman yn golygu dysgu geirfa newydd yn aml a hefyd ddysgu dull newydd o wneud pethau.

Yn aml iawn y pethau bach mae rhywun yn gweld eu heisiau nhw. Fel y dywedais roedd bron popeth at iws yn Nhŷ'r Camwy ond un peth y gwelwn ei eisiau yn syth oedd y brwsh bach hwnnw y defnyddiwn gymaint arno, hwnnw sydd

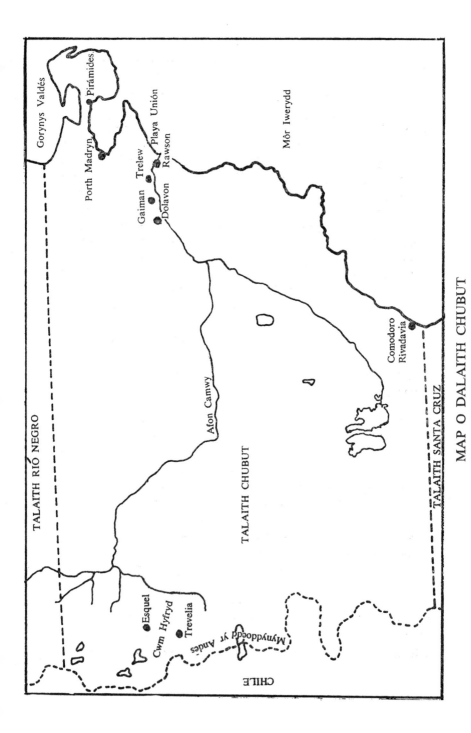

MAP O DALAITH CHUBUT

yn ffitio i mewn i badell fach, neu *dust pan,* a wnes i ddim
amau am funud nad oedd i'w gael ond chwilio amdano.
Cerddais siopau Trelew un pnawn yn ceisio egluro am beth
yn union y chwiliwn ond i ddim pwrpas. Dyma holi ffrindiau
a chael na wydden nhwtha ddim am beth yr oeddwn yn sôn
a phan ddisgrifiais i o fel math o frwsh dannedd anferthol
dyma un yn dweud mai'r hyn oedd arna i ei angen oedd
'aden'. A chwarae teg iddi aeth i nôl un imi a dyna fy mrwsh
bach i am y flwyddyn, aden gŵydd, a rŵan mi rown i lawer
am gael un yma achos does dim tebyg i aden dda am lanhau
corneli ffenestri.

Pan ddaeth yr haf sylweddolais fod i Dŷ'r Camwy un an-
fantais fawr. Gan ei bod yn gallu bod yn ddifrifol o boeth
hoffwn adael y drws ar agor os oedd mymryn o awel ond
doedd hyn ddim yn beth ymarferol iawn oherwydd y moscitos
a'r *jejenes* oedd yn heidio i mewn i'r tŷ ar y cyfle cyntaf.
Sylwais fod gan rai tai ddrws netin (os gellir Cymreigio
*netting* felly). Dyma holi ynghylch cost cael gwneud un a
sylweddoli na allwn ei fforddio. A rhyw noson pan oeddwn
i'n methu cysgu dyma fynd ati i gynllunio yn fy meddwl sut
y gallwn wneud un. A thrannoeth dyma fynd i mewn i
Drelew i siopa am yr hyn a debygwn i oedd yn angenrheidiol.
Camp aruthrol oedd prynu pethau fel sgriws ac ambell beth
arall nad oedd gen i ddim hyd yn oed air Cymraeg neu
Saesneg amdano, ond diolch i wraig amyneddgar cefais
bopeth ond y pren. Ar gyfer prynu hwnnw rhaid oedd mynd
i iard goed y tu allan i'r dref. Erbyn hyn roeddwn i wedi colli
fy mhlwc braidd felly dyma ofyn i Elena ddod efo mi i egluro
sut bren oeddwn i ei angen ac i beth, rhag fy mod i unwaith
eto'n sôn am 'ddrws ar gyfer pryfed' fel petawn i'n *dymuno*
iddyn nhw ei ddefnyddio! Wel, fe gefais y pren a rŵan roedd
popeth gen i ond lli a chefais fenthyg honno gan Alwina
Thomas, un o fy nghymdogion. Rhywsut fe lwyddais, a chyn
pen deuddydd roedd y drws yn hongian yn weddol ar ei golyn
a minnau mor falch â phetawn wedi ennill ffortiwn ar y
*lotería,* imi gael bod yn Archentaidd fy nghymhariaeth! Yn
ddistaw bach mae gen i syniad nad oedd neb yn disgwyl y

byddwn yn llwyddo i wneud drws iawn a deuai fy ffrindiau yno i syllu'n ddigon anghrediniol arno.

Mewn un peth roedd byw yn Gaiman yn rhagori ar fyw ym Mhorthaethwy. Yno cesglid y sbwriel o'r tu allan i'r tŷ ddwy-waith yr wythnos. Ond petawn i wedi byw yn Nhrelew byddwn wedi cael ei gasglu bob nos! Roedd yna ambell beth arall oedd yn welliant hefyd fel y fan bysgod ddeuai heibio ddwywaith yr wythnos a'r dyn yn galw ar y *gwragedd* i ddod i brynu. Mae'n amlwg nad yw hawliau cyfartal i ferched ddim yn bwnc llosg yno. Ac weithiau clywn o bell sŵn pibau wrth i'r dyn oedd yn rhoi min ar gyllyll a sisyrnau ddod drwy'r stryd ar ei feic. Dro arall deuai fan yn gwerthu dodrefn ac offer wedi eu gwneud o gansen heibio ac yn aml iawn deuai gwragedd neu blant at ddrws y tŷ yn gwerthu bara, *empanadas* neu deisen.

Oedd, roedd cadw tŷ yn Gaiman yn wahanol. Ychydig o foethau oedd yna ac am y tro cyntaf ers blynyddoedd bu'n rhaid golchi gyda llaw, byw heb y sugnwr llwch, arfer â haearn smwddio yr oedd yn rhaid ei ddiffodd i reoli ei wres, dysgu gwneud teisen heb allu pwyso dim, a rhyw fanion tebyg eraill. Ond y gwir yw ar ôl wythnos neu ddwy doeddwn i ddim yn gweld eu heisiau a phan ddois i adre i Gymru teimlo wnes i fod yma ormod o 'bethau'.

# Y Car, neu 'Moto'r Pregethwr'

Gwyddwn fod gan Undeb yr Eglwysi Cymraeg yn y Dyffryn gar. Roedden nhw wedi ei brynu rai blynyddoedd yn ôl pan aeth y Parchedig Eirian Lewis, Mynachlog-ddu yno am gyfnod i weinidogaethu. A dyma sylweddoli y byddai car yn fantais fawr os oeddwn am deithio i gynnal dosbarthiadau. Gwnes gais am gael ei fenthyg ac fe'i cefais ar yr amod fy mod innau'n helpu yn yr eglwysi gan mai ar gyfer 'hynny y'i prynwyd. Wyddwn i ar y ddaear sut gar oedd o na dim ond roeddwn yn fodlon gyrru rhywbeth ar bedair olwyn. Rwy'n cofio'r bore pan ddaeth y Bonwr Archie Griffiths ag o at y tŷ a mynnu fy mod yn ei yrru o gwmpas Gaiman iddo gael gwneud yn siŵr fy mod i'n ffit i'w gael. Mae gen i ryw deimlad nad oedd o'n credu yng ngallu merch i drin car. A'r bore hwnnw y dois i i adnabod y Citroën 3CV fu'n ffrind ffyddlon iawn er gwaethaf ei wendidau.

Mae'n siŵr bod hwn yn un o'r ceir symlaf a grewyd, felly doedd dim rhyw lawer i fynd o'i le arno fo a dim ond ambell waith ar y tywydd garwaf y nogiodd o'n llwyr. Ond dyna ichi gar oedd fel popty yn yr haf ac fel rhewgell yn y gaeaf. Gwnes fy ngorau i gael gwared â rhai o'r drafftiau gwaethaf drwy roi'r stribedi sbwng pwrpasol yna o gwmpas ei ffenestri ond deuai gwyntoedd oer y gaeaf o bob twll a chornel. Buan y dois i arfer â pheidio â defnyddio'r brec llaw, ond nid hynodrwydd yn perthyn i'r Citroën oedd hyn. Hyd y gwn i doedd neb yn ei ddefnyddio byth, o leiaf welais i neb yn ei gyffwrdd mewn unrhyw gar. Wrth gwrs does yna fawr o elltydd yn Gaiman na Threlew a phan oedd angen aros ar rywfaint o godiad tir yr arfer oedd troi trwyn y car am y palmant a'i roi mewn gêr. Ac mae i'r diffyg brec llaw ei fanteision. Lawer gwaith gwelais gar wedi parcio ar y stryd ac wedi cael ei gau i mewn, a'r cwbl a wnâi'r perchennog oedd mynd i mewn iddo fo, cychwyn y peiriant, a mynd yn araf yn ôl ac ymlaen gan wthio'r ceir eraill o'i ffordd. Dull effeithiol ond un na fu'n rhaid i mi ei ddefnyddio, diolch byth.

Mae yna lawer o bobl sy'n credu bod gyrru ar y dde yn anodd, ond wrth gwrs dydi hyn ddim yn wir pan fo pawb arall yn gwneud yr un peth. Yr 'hyn oeddwn i'n ei gael yn anodd oedd y rheol ynghylch troi i wynebu'r cyfeiriad arall. Rŵan mae'r rhan fwyaf o strydoedd Gaiman, a Threlew o ran hynny, yn rhai llydain iawn, a'r peth hawsaf fyddai gwneud tro pedol ar eu canol heb amharu dim ar neb, yn enwedig ar bnawn cysglyd pan oedd y stryd yn wag, ond mae hyn yn erbyn y gyfraith. Y dull o droi yw gwneud hynny ar groes-ffordd, sydd i mi yn llawer mwy peryglus. Rhaid cyfaddef imi dorri'r gyfraith lawer tro yn nistawrwydd Stryd Michael D. Jones. Yn ffodus mae plismyn Gaiman yr un mor gysglyd â'i strydoedd.

Rhaid peidio â dweud y drefn am y plismyn chwaith erbyn meddwl, achos buont yn help mawr i mi un noson. Wedi bod mewn sosial yn Nhrelew yr oeddem a daeth pedair ohonom yn ôl yn yr 'hen gar bach gan ddanfon un o'r criw i Dreorci cyn mynd ymlaen ar hyd ffordd y ffermydd am Gaiman. Does dim wyneb ar y ffordd hon, dim ond pridd a cherrig a'r rheini ar adegau'n gerrig digon egar. Ac mae'n debyg mai un felly fu'n gyfrifol am y difrod, oherwydd wrth inni gyrraedd ffordd galed Gaiman clywid sŵn cloncian o gwt y car. Mae'n debyg iddo fod yno ymhell cyn hyn ond oherwydd twrw'r cerrig yn drybowndian doedd dim modd ei glywed. Dyma aros wrth y blwch ffôn ac aeth Luned González i mewn i ffonio i ofyn i un o'r meibion ddod i newid olwyn. Ond roedd rhywun wedi dwyn y ffôn a hwnnw'n union o flaen gorsaf yr heddlu. Aeth Luned i mewn a gofyn am gael defnyddio eu ffôn nhw ond na, doedd hynny ddim yn bosibl ond wedi iddynt holi beth oedd y broblem dyma ddau blisman allan i newid yr olwyn. Yn anffodus doedd y jac ddim yn gweithio, ond i ddau blisman dyfeisgar doedd hynny ddim yn broblem. Dyma nhw'n galw ar ddau ddyn mewn car oedd wedi aros gyferbyn a daeth y rheini yno, codi'r car oddi ar y ffordd a newidiodd y plismyn yr olwyn. Mi fyddwn i wedi rhoi un-rhyw beth am rai tebyg y nos Fawrth ganlynol pan gefais i hoelen yn yr olwyn a minnau ar y ffordd adref o gynnal dosbarth yn Nhrelew, ond newid yr olwyn fy hun fu'n rhaid y noson honno. Ond chwarae teg i'r hen gar, dim ond pedair gwaith y bu'n rhaid gwneud hynny mewn blwyddyn.

Un fantais aruthrol o gael y moto oedd fy mod i bellach yn gallu mynd lle mynnwn i heb fynd ar ofyn neb, a chan fod gen i ffrindiau mewn gwahanol rannau o'r Dyffryn roedd hyn yn fantais. Awn ynddo i Blas Hedd i weld Nadine a Bocha, rhieni Nadibel oedd yn gwarchod fy nhŷ, i Erw Fair i weld Irma, i Fod Iwan i weld Gerallt ac Edmund ac i Ddolavon i weld Eryl a Ieuan, ac wrth gwrs gallwn hefyd grwydro Trelew ynddo fo a galw yn nhai fy ffrindiau yno, rhai fel Homer ac Irfonwy neu Aled a Valmai oedd yn byw braidd yn bell o ganol y dref ac a oedd mor barod bob amser i roi croeso i mi ar eu haelwydydd.

Doeddwn i byth yn mynd yn bell iawn yn yr hen gar bach, dim ond i Ddolavon i un cyfeiriad ac i lan môr Playa Unión i'r cyfeiriad arall ond teithiwn ynddo ym mhob tywydd ac ar bob awr o'r nos gan ei fendithio ar bob taith. Ac er i mi gael ambell broblem fel y brecs yn peidio gweithio a minnau'n mynd ar i waered am Gaiman o'r ffordd fawr, fe gyrhaeddais adre'n saff bob tro.

# Gweithio

Wel, dyna fi wedi cael tŷ a char a bellach doedd dim amdani ond dechrau cyfiawnhau fy modolaeth. Nid fy mod i'n anfodlon gwneud hynny, dim ond dipyn yn betrus a swil efallai. Wedi'r cyfan, wedi mynd allan i gynnal dosbarthiadau Cymraeg yr oeddwn i a hyd yma doeddwn i wedi gwneud dim ond fy mwynhau fy hun. Gan nad oedd unrhyw rwydwaith o ddosbarthiadau yn bodoli eisoes doedd gen i ddim man cychwyn fel petai. Dyw hyn ddim yn gyfystyr â dweud nad oedd dosbarthiadau wedi eu cynnal cyn hyn wrth gwrs. Bu eraill wrthi am flynyddoedd gyda'r gwaith, rhai fel May Williams de Hughes a Mair Davies o Drelew, a bu Susan Hughes o Gymru'n cynnal dosbarthiadau am gyfnod pan fu hi draw, ac roedd Gladys Thomas yn Gaiman yn cynnal dau ddosbarth i blant bach ar fore Sadwrn, ond fy mhroblem i oedd ceisio cael pobl at ei gilydd i ffurfio grwpiau. Gan fod Eisteddfod y Plant ar fin cael ei chynnal yn Gaiman bernid mai'r peth gorau fyddai aros tan ar ôl hynny er mwyn cael rhoi hysbysiad yno. A hynny a wnaethpwyd. Trefnwyd dau gyfarfod, un yn Gaiman a'r llall yn Nhrelew ar gyfer y Sadwrn wedi'r Steddfod.

Ond cyn hynny daeth llythyr gan wraig o Ddolavon yn dweud y teimlai rhai mai da o beth fyddai cael dosbarth yno. Mae Dolavon ryw ddeuddeng milltir i mewn i'r tir o Gaiman a theimlai rhai yno eu bod yn cael eu hanwybyddu o'r herwydd. Felly yno yr aeth Sandra Day a minnau un pnawn, y fi i gyfarfod y bobl a Sandra i gyfieithu imi. Yn fuan gwelwyd fod yno ddau grŵp posibl, yn ddysgwyr ac yn Gymry a dyma drefnu dau ddosbarth ar bnawn Mercher. Ac fe gofiaf am byth y daith yn ôl i Gaiman y pnawn hwnnw. Tua phump o'r gloch ar bnawn o Fedi, sef canol y gaeaf, oedd hi a'r haul yn machlud. A does dim machlud haul tebyg i un y Dyffryn. Roedd hwn yn un arbennig iawn a'r awyr yn newid ei liw bob eiliad, ac yno y buom ni'n eistedd ar fin y ffordd yn y car yn gwylio'r lliwiau'n graddol dywyllu gan wrando ar yr un pryd ar gerddoriaeth Gymraeg ar y chwaraewr casetiau oedd yng nghar Sandra. Profiad od oedd bod yno a'r paith o'm cwmpas yn araf dduo a cherddoriaeth werin o Gymru yn gefndir cyfarwydd i'r dieithrwch.

Mae'n syn fel mae'r darnau yn disgyn i'w lle yn hwylus ambell waith a dyna a ddigwyddodd efo trefnu'r dosbarthiadau. Cefais help Luned González yn Gaiman a May Hughes yn Nhrelew ac ar ddiwedd y cyfarfodydd cyntaf roedd sgerbwd fy wythnos wedi ei threfnu, a minnau o leiaf efo man cychwyn. Ond crynedig iawn oeddwn i'n wynebu'r cychwyn hwnnw. Wedi'r cyfan doedd gen i ddim defnyddiau o gwbl efo mi gan nad oeddwn i'n teimlo y byddai defnydd parod o Gymru yn addas ar gyfer pobl ar gyfandir arall. A phroblem arall oedd nad oedd gan y bobl yma a mi ddim iaith gyffredin. Yn wir, doeddwn i ddim wedi llawn ystyried y broblem honno nes sefyll o flaen fy nosbarth cyntaf!

Ac fe gofiaf y dosbarth hwnnw ddaeth yn griw swnllyd i festri Tabernacl Trelew! Roeddwn i wedi dweud a dweud nad oeddwn i'n bwriadu dysgu plant. Nid fod gen i ddim yn eu herbyn o gwbl, dim ond fy mod i'n ymwybodol nad yw awr yr wythnos yn dda i ddim ar gyfer eu dysgu. Ond fe ddaeth y plant a doedd dim i'w wneud ond creu dosbarth ar eu cyfer, a hwnnw oedd fy ngrŵp cyntaf y pnawn Llun cyntaf hwnnw. Roeddwn i'n gallu dweud rhyw ychydig frawddegau mewn Sbaeneg, wedi bod yn dilyn dosbarth am ddwy flynedd, ond nid dyma'r math o iaith oedd ei angen y pnawn cyntaf hwnnw. Doeddwn i ddim wedi sylweddoli cyn hyn gymaint o roi gorchmynion yr ydym ni i blant. Dewch, gwnewch, ewch, ydi hi o hyd, a doedd fy nosbarth Sbaeneg i ddim wedi cyrraedd y modd gorchmynnol!

29

Roedd llawer iawn o'r plant hyn yn ddisgynyddion i deulu-oedd Cymreig a'r rhieni, llawer ohonynt, yn dal cysylltiad â chapel y Tabernacl ond tua'r ail wythnos cyrhaeddodd dwy ferch newydd y dosbarth yma, dwy ferch hynod o dlws tua deg oed, un o bryd tywyll â llygaid glas a'r llall â gwallt hir coch tywyll. Oherwydd prinder fy Sbaeneg doedd eu holi ddim yn hawdd ond sylweddolais nad oedd gan y naill na'r llall unrhyw gysylltiad Cymreig, ac wn i ddim hyd heddiw pam na sut y daethant i ymddiddori yn y Gymraeg. A bu'r ddwy yn aelodau ffyddlon iawn o'r dosbarth hyd y diwedd. A dyna oedd yn ddiddorol yn aml ynghylch y dosbarthiadau yma, digwyddai'r annisgwyl o hyd ac o hyd.

Yn ffodus i mi dim ond un dosbarth arall o blant oedd gen i a hwnnw yn Gaiman. Rhan o ddosbarth Gladys Thomas oedd hwn gan imi gael pwl o euogrwydd wrth ei gweld hi'n ym-godymu â grŵp o ystod oedran amhosibl eu dysgu gyda'i gilydd. Diolch byth, roedd y rhain i gyd o gefndir Cymreig ac roedd ganddynt dipyn mwy o grap ar y Gymraeg, ac roedd un yno oedd yn ddigon abl i gyfieithu imi pan fethai chwifio breichiau ag egluro fy anghenion.

Roedd cryn nifer o bobl ifanc yn y dosbarthiadau, yn enwedig yn Nhrelew a Gaiman, ond teimlwn o hyd y gallai llawer mwy fod wedi manteisio ar y cyfle. Eto gwyddwn fod llawer o'r rhain yn brysur iawn gyda phethau eraill. Roedd cynifer ohonynt yn mynd i ddosbarthiadau'r Ysgol Gerdd yn Gaiman a llawer iawn yn cael gwersi Saesneg preifat. Yn sicr roedd dysgu Saesneg yn bwysicach o lawer na dysgu Cymraeg am ei bod yn cael ei hystyried yn allwedd i well swydd a hefyd, o bosibl, yn ffordd o ddianc o Ariannin yn y pen draw. Fel y bu Lloegr yn fan gwyn man draw i gynifer o Gymry ar un adeg, felly yr oedd Gogledd America i lawer o bobl ifanc Ariannin. Ac wrth gwrs roedd y rhain i gyd yn yr ysgol neu'r coleg a chanddynt lawer o waith o'r herwydd felly anodd oedd eu beio am eu diffyg brwdfrydedd ynghylch iaith na welai'r rhan fwyaf ohonynt fawr o werth iddi. Eto i gyd, roedd rhai o'r bobl ifanc hyn yn frwdfrydig iawn ac yn gwneud cynnydd amlwg fel bod eu dysgu'n bleser.

Ond ar ryw olwg, yr oedolion yn y dosbarthiadau oedd y rhai mwyaf diddorol, a sôn am y dysgwyr ydw i rŵan. Er bod rhai o dras Cymreig roedd eraill heb fod ag unrhyw gysylltiad â Chymru o gwbl. A hyd y gallwn weld doedd hynny ddim yn anfantais lle'r oedd dysgu Cymraeg yn bod. Daethai un ferch i fyw o Buenos Aires i Fadryn ers tua blwyddyn a sylweddoli yno fod yna'r fath wlad â Chymru. Pan welodd fod dosbarthiadau i'w cynnal yn Nhrelew penderfynodd ymuno er y golygai daith o awr bob ffordd. A hi oedd un o'r goreuon yn y dosbarth. Allwn i ond rhyfeddu at y fath ymroddiad ac ar yr un pryd teimlwn yn siomedig fod cymaint yr oeddwn yn eu hadnabod y gwyddwn eu bod yn ymwneud â phethau Cymreig fel yr eisteddfod nad oeddwn yn gallu eu hudo i'r dosbarth. A dyna oedd hanes dosbarthiadau'r dysgwyr i raddau, cael y rhai annisgwyl a methu â chael y rhai a ddisgwyliwn.

Doeddwn i ddim yn treulio fy wythnos i gyd gyda'r dysgwyr, fodd bynnag. Yn Nolavon, Gaiman a Threlew roedd gen i Gymry Cymraeg, rhai ohonyn nhw'n canolbwyntio ar wella eu sgrifennu ac eraill yn trafod llenyddiaeth. Yn naturiol roedd dysgu'r rhain dipyn yn haws oherwydd nad oedd problem gyfathrebu ac wedi rhyw ddwyawr galed o ymlafnio efo'r dysgwyr roedd mynd at y rhain fel cael gwyliau! Gan imi fod yn y Wladfa deirgwaith eisoes roedd gen i lawer iawn o ffrindiau ymysg y Cymry ddeuai i'r dosbarthiadau, yn enwedig yn Nhrelew a Gaiman a chawn lawer iawn o hwyl gyda'r rhain, ond chwarae teg iddyn nhw, roedden nhw'n barod iawn i we'thio bob amser. Roedd dau grŵp o Gymry yn Nhrelew a'r rheini'n ymlafnio i wella eu 'hysgrifennu ac wedi cryn berswadio sgrifennodd pob un o'r grŵp cyntaf ysgrif i'r *Drafod.* Roedd yna griw sefydlog o ryw ddwsin yn y grŵp yma a deuai Vali James de Irianni o Buenos Aires atom ar dro a Meinir Evans o'r Andes. Chwith oedd colli Celina Rowlands o'n plith oherwydd ei salwch 'hir ac un o'r pethau olaf wnes i cyn dod o'r Wladfa oedd mynd i'w hangladd hi. Amrywiai maint y grŵp llenyddiaeth yn Gaiman yn ôl galwadau'r dydd ar rai ohonyn nhw, ond roedd pawb yn

gwrtais iawn ac yn barod i ymdrin ag enghreifftiau o lenydd-
iaeth Cymru o'i dechrau. Pobl ifanc oedd yn y grŵp ysgri-
fennu a chan ein bod yn cyfarfod ar ddiwedd y dydd roedd
yma rywfaint o awyrgylch gwyliau. Sandra oedd yn gyfrifol
am y *mate* bob tro a deuai Meira neu Marlin â theisen i fynd
gydag o! Gan Mary yn y grŵp yma y dysgais i ystyron rhai
geiriau Sbaeneg na ddylid eu defnyddio'n gyhoeddus, peth
defnyddiol iawn oedd yn sicr o fy achub pan ddeuai fy
Sbaeneg yn ddigon da i fentro ei siarad. Ond er yr holl
loddesta a sgwrsio roedd hwn yn grŵp gweithgar iawn a
synnwn at safon iaith rhai fel Marlin a Gladys.

Pobl nad oeddwn wedi eu cyfarfod o'r blaen ddeuai i
ddosbarth Cymry Dolavon, yn ferched i gyd fel yn y ddau le
arall, ond ar ôl y Nadolig bu Ieuan Jones yn ddigon dewr i
ymuno â nhw. Roedd dwy o'r rhain yn hŷn na'r gweddill
ac yn gymeriadau diddorol, sef Gwalia Davies de Evans a
Myfanwy Roberts, yna roedd criw o rai tua'r deugain oed ac
un ferch ifanc ddiddorol iawn, Veronica Pugh. Doedd hi ddim
wedi cael llawer iawn o gyfle i siarad Cymraeg ac eto roedd
hi'n gwbl rhugl yn yr iaith ac yn llawn diddordeb ym mhopeth
Cymreig oedd yn digwydd yn y Dyffryn. Ac yn ystod y
flwyddyn fe'i gwelais yn magu hyder i sgrifennu hefyd.

Roedd man cynnal y dosbarthiadau yn amrywio, gan imi
ddefnyddio'r tŷ yn Gaiman lle bo modd, ond rhaid oedd mynd
i'r ysgol, y drws nesa, os oedd y dosbarth yn un mawr. Yn yr
ysgol y dysgwn hefyd yn Nolavon, yn ysgol Uwchradd
William Morris. Byddai'r enw'n awgrymu adeilad helaeth i'r
rhai sy'n gyfarwydd ag ysgolion uwchradd Cymru, ond adeilad
bychan iawn yw hwn, gydag ychydig iawn o ystafelloedd
dosbarth o amgylch neuadd oedd hefyd yn fan chwarae.
Roedd rhywbeth yn natur y to oedd yn peri fod y sŵn yn
atseinio drwy bobman ac yn anffodus pan gynhelid y dos-
barthiadau Cymraeg cynhelid yr un pryd ddosbarthiadau i
blant a chaent chwarae yn y neuadd am ran o'r amser. Roedd
lefel y sŵn yn anhygoel a dysgu yn gryn gamp pan oedd ar
ei anterth nes trethu amynedd y dosbarth a minnau. Roedd
anfantais arall i'r lle hefyd, sef ei bod yn oer iawn yno yn y

Stryd Lewis Jones, Trelew

Gaiman

Tŷ'r Camwy a 'Moto'r Pregethwr'

Cerrig Beddi ym mynwent Gaiman

*Llun: Vida Roberts*

gaeaf, ond wedi dweud hynny roedd yn gyfleus iawn a doedd dim rhaid talu am gael ei ddefnyddio fwy nag oedd yn rhaid talu am gael defnyddio Coleg Camwy yn Gaiman. Yn Nhrelew, festri'r capel a ddefnyddid a hwnnw'n adeilad newydd sbon, neu o leiaf roedd y darn ohono a ddefnyddiem ni yn newydd. Yn yr ysgolion doedd gen i ddim cyfrifoldeb o gwbl am yr adeilad ond roedd hi'n wahanol yn y capel gan mai gen i oedd yr allweddi a fi oedd yn gyfrifol am roi a diffodd y gwres. Ac wrth gwrs cyrhaeddais adref un noson yn gwbl argyhoeddedig imi anghofio ei ddiffodd! Ffoniais Mair Davies oedd yn byw yn ymyl y capel ac aeth hi i edrych oedd y lle yn dal ar ei draed oherwydd erbyn hyn roeddwn i'n sicr y byddai wedi llosgi i'r llawr, ond does dim rhaid dweud mai wedi dychmygu anghofio ei ddiffodd yr oeddwn i. Mae fy nychymyg byw wedi bod yn broblem imi erioed.

A doedd fy nychymyg fawr o help imi efo agor a chloi'r capel chwaith. Er bod gen i allwedd i'r festri yng nghefn y capel roedd yn rhaid i mi fynd i mewn i'r capel ei hun i gynnau a diffodd y goleuadau. Ac mae gen i ryw fath o ffobia ynghylch capeli ac eglwysi gwag. Mae yna bobl sydd wrth eu bodd yn mynd i weld hen eglwysi ond a' i ddim i mewn iddyn nhw dros fy nghrogi, a hyd yn oed wrth fynd i mewn i fy nghapel fy hun gartref mi fydda i'n gorfod llyncu mhoer ac ysgyrnygu fy nannedd. A dyna fi yn Nhrelew am yr holl wythnosau yn gorfod mynd i mewn i gapel dieithr, tywyll ar fy mhen fy hun ac ymbalfalu am oleuadau. Ac roedd mynd allan yn waeth am fy mod i'n eu diffodd a chael fy ngadael yn y tywyllwch mwyaf dudew posibl. Ond ddwedais i'r un gair wrth neb rhag ofn iddyn nhw feddwl fy mod i naill ai'n hen fabi neu yn gwallgofi. Dyna braf oedd hi yn yr haf heb y bwganod.

# Oriau Hamdden

Rhyw un awr ar bymtheg o ddosbarthiadau oedd gen i mewn wythnos a'r rheini wedi eu trefnu'n hynod o dda, gan fy mod i yn N'hrelew bnawn a nos Lun, yn Nhrelew bnawn Mawrth a Gaiman gyda'r nos, yn Nolavon bnawn Mercher a Gaiman gyda'r nos, yn Gaiman drwy ddydd Iau a bore Sadwrn. Golygai hyn fy mod i'n rhydd bron pob bore a thrwy ddydd Gwener ac o bnawn Sadwrn tan bnawn Llun. Yn naturiol roedd yn rhaid paratoi, marcio a mynd i wneud yr hyn a elwid yno'n 'dynnu' ffotocopi ond ar ôl gwneud hynny roedd gen i dipyn o amser i mi fy hun. Ond alla i ddim dweud eu bod o angenrheidrwydd yn oriau hamdden chwaith gan fod hynny, i mi o leiaf, yn awgrymu gorweddian o gwmpas y lle'n gwneud dim, a chymharol ychydig o gyfle i hynny oedd yna.

Mae'n syn fel y mae'r dyddiau yn ffurfio eu patrwm eu hunain ble bynnag y mae dyn, a dyna a ddigwyddodd i mi yn fuan iawn. Cawn fy neffro bob bore yn ystod y tymor gan sŵn plant yn mynd i'r ysgol y drws nesa a phan ddistewai hwnnw clywn o bell sŵn yr anthem genedlaethol yn cael ei chanu oni bai imi fynd yn ôl i gysgu wrth gwrs, a chan fod yr ysgol yn dechrau am wyth o'r gloch rhaid cyfaddef fod hynny'n digwydd yn aml. Ar ôl codi, cael brecwast a chawod rhaid oedd gwneud rhyw fanion o gwmpas y tŷ, y golchi a'r smwddio a'r glanhau. Nid fy mod i'n un o'r rhain sy'n gweld angen glanhau yn aml ond bod gen i gydwybod ynglŷn â'r tŷ a theimlwn y dylwn ei gadw'n rhesymol lân rhag i bobl Gaiman feddwl mai rhai di-lun yw'r Cymry. A

34

dweud y gwir, gwnawn fwy o lanhau yno nag a wnaf gartref! Y gwaith mawr oedd rhoi sglein ar y lloriau pren ac er ei fod yn waith caled roedd eu gweld yn sgleinio yn rhoi pleser i mi, pleser mwy o lawer nag a geir o roi'r peiriant sugno llwch dros garped.

Bron pob bore tua'r hanner awr wedi deg agorai'r drws ffrynt a deuai bloedd o 'post' neu 'coffi'. Luned González fyddai wedi cyrraedd am ei phaned foreol a chan y byddai'n dod â'r llythyrau i mi yr un pryd caem eistedd a chael rhyw sgwrs fach a gweld pa newydd fyddai o Gymru. Doedd arna i ddim hiraeth o gwbl tra oeddwn yn y Wladfa ond eto byddwn wrth fy modd yn cael llythyrau a chael gwybod beth oedd yn digwydd gartre. A phan fo dyn i ffwrdd am flwyddyn mae'n syn faint *sydd* yn digwydd. A dweud y gwir rwy'n dal i gael fod yna newyddion na chyrhaeddodd o mohono i a pheth digon peryglus yw hwnnw gan y gallwn holi ynghylch rhyw ŵr ymadawedig neu wraig ysgaredig gan roi fy nhraed ynddi!

Ar ôl i Luned fynd cawn gyfle i baratoi gwersi a marcio, a dyma'r bore drosodd a finnau'n gorfod rhuthro i wneud cinio cyn mynd i weithio. A'i roi fel hyn ar bapur mae'n swnio'n drefnus iawn ond wrth gwrs nid felly yr oedd hi wir. Yn aml a finnau wedi rhoi'r polish ar y llawr neu'r cinio ar y stof galwai ffrindiau am sgwrs, neu deuai gwahoddiad i fynd i mewn i Drelew efo Luned neu Tegai, ei chwaer. A chan fod crwydro'n rhan llawer mwy annatod o fy anian na gwaith tŷ roeddwn bob amser yn barod i roi halen ar beth bynnag oedd ar waith ar y pryd.

Ac wrth gwrs roedd yn rhaid siopa, naill ai yn Gaiman neu yn Nhrelew. Eto mae dyn yn magu patrwm wrth wneud hyn. Prynwn gig a nwyddau angenrheidiol yn Gaiman ond y pethau ychwanegol yn un o'r archfarchnadoedd yn Nhrelew. Cofiaf gerdded o gwmpas un o'r siopau ar fy mhen fy hun a sylweddoli y byddai'n rhaid imi gael help am na wyddwn i beth oedd hanner y pethau oedd mewn potiau a phacedi ar y silffoedd nac i beth y defnyddid nhw. Ac eto pan fydd pobl yn gofyn i mi beth oeddwn i'n ei fwyta draw alla i ddim meddwl ei fod mor wahanol i'r hyn a geir yma. Ond mae un gwahaniaeth mawr, sef fod popeth yn llawer mwy ffres ac na ddefnyddir agos gymaint o fwyd tun a bwydydd wedi eu rhewi. Mae'r rhan fwyaf o bobl yno'n bwyta llawer mwy o gig na ni ac mae o'n gymharol rhad ac yn dda iawn, ond gan fy mod i bron â bod yn llysieuwr roeddwn i'n gwerthfawrogi'r pysgod oedd yn rhatach fyth ac yn ardderchog. Mae pysgod pob gwlad yn wahanol ac roedd hi'n ddigon anodd gwybod am beth i ofyn ond dysgais enwau rhyw dri math ac anwybyddu'r pethau oedd yn edrych yn rhy ddieithr.

Er fy mod yn byw y drws nesa i'r becws doedd prynu bara da o flawd cyflawn ddim yn hawdd ond roedd siop yr ochr draw i'r afon yn gwerthu blawd cyflawn a siop Emyr yn gwerthu burum felly doedd dim amdani ond gwneud fy mara fy hun ac er nad oeddwn i'n deall fawr ddim ar fy mhopty nwy roedd yn crasu bara ardderchog. Roedd yna draddodiad o grasu bara yn Gaiman a gellid mynd i ambell dŷ i brynu bara cartre ond er bod ambell un yn gwneud bara brown, gwyn oedd y rhan fwyaf ohono fo. Roedd siâp y bara yma'n ddiddorol gan ei fod yn cael ei grasu mewn tun tal, crwn.

Mae yfed gwin gyda phryd bwyd yn beth cyffredin iawn yn y Wladfa, yn enwedig ymhlith y teuluoedd cymysg eu cenedl ac mae yna ddewis helaeth iawn o winoedd a'r rheini yn rhyfeddol o rad i ni. Wn i fawr ddim am win, wir, ond roedd yr hyn a brofais yn dda, yn enwedig y gwin coch. Deuthum yn fwy o arbenigwr ar ddiodydd eraill gan ddod i hoffi rhywbeth a elwid yn *Maltife,* sef math o goffi o haidd, a phob math o de, fel rhai mint a chamomeil a rhai eraill na wn i ar y ddaear beth oedden nhw. Ac wrth gwrs dyna'r *mate* a yfid gan gynifer o fy ffrindiau. Pob tro y byddaf yn mynd at ryw gymdeithas yma i roi sgwrs ar y Wladfa mae rhywun yn sicr o ofyn beth ydi'r te od y maen nhw'n ei yfed draw. Rhyw fath o de gwyrdd chwerw ei flas ydi hwn, ac fe'i yfir o *mate* neu gwpan sydd weithiau wedi ei wneud o *cabalash,* neu dro arall o enamel, gan ei sugno drwy fath o welltyn metel. Rhoir bron dri chwarter llond y cwpan o'r te a rhoir dŵr poeth ond nid berwedig arno. Mae'r sawl sydd yn gyfrifol am y tebot yn llenwi'r *mate* a'i basio o'r naill i'r llall gan ei ail-lenwi rhwng pob un, a does neb yn breuddwydio am sychu'r bibell, neu'r *bombilia*, cyn ei basio ymlaen! Mae'r syniad yn ddieithr iawn i ni yma ond mae yna rywbeth yn gymdeithasol iawn yn y ddefod a does dim gwell am dorri syched ar ddiwrnod poeth. A'r *germs*? Wel ydyn, maen nhw'n mynd o'r naill i'r llall efo'r *mate* ond pa wahaniaeth, os oes annwyd ar rywun yn y criw mae pawb yn siŵr o'i gael p'run bynnag, *mate* neu beidio.

Roedd mwy o lawer i fywyd yn Gaiman na siopa a gwaith tŷ wrth gwrs, gan fod y bobl yno mor groesawus bob amser. Roeddwn i'n ffodus iawn yn fy stryd gan fod cymaint o siaradwyr Cymraeg yn byw ynddi a digon o gyfle felly i gael sgwrs. A phan oedd amser doedd dim yn rhoi mwy o bleser i mi na galw i weld ffrindiau fel Alwina Thomas, Sandra Day, y teulu Macdonald neu Zampini, i gyd yn rhan annatod o Stryd Michael D. Jones, ac i gyd yn fawr eu croeso a diderfyn eu caredigrwydd at un o'r Hen Wlad. Ac os oedd awydd crwydro ymhellach awn i lawr y ffordd at Marlin, i Blas y Graig i weld Tegai neu Luned, neu'r drws nesa iddynt at Laura Henry, neu dros y bont at Derwyn a Valmai. Canlyniad hyn oedd na theimlais yn unig o gwbl mewn pentref oedd cyn hyn yn gwbl ddieithr i mi.

Roedd y ffaith fy mod i ffwrdd am flwyddyn yn golygu hefyd imi ddod yn gyfarwydd iawn â'r gwahanol fannau newid arian yn Nhrelew. Roedd modd newid doleri yn y banc yn Gaiman ond pan oedd y rheini gen i doedd dim problem gan fod ffrindiau yn barod bob amser i'w newid am *australes* am y credent y byddai gwerth y doler yn dal tra newidiai gwerth yr *austral* o funud i funud bron. Pan gyrhaeddais yno roedd tua 4,000 *austral* i'r doler ond ymhen y flwyddyn roeddwn yn cael 10,000 ohonyn nhw a chyda chymaint o *zeros*, fel y dywedent draw, roedd gwrando'n astud am bris rhywbeth mewn siop yn hanfodol i mi oedd yn cael trafferth mawr i ddeall ffigurau mewn Sbaeneg. Ar ôl gorffen y doleri roedd yn rhaid newid sieciau teithio ac weithiau roedd hyn yn peri dipyn mwy o drafferth a hefyd roeddwn yn cael llai o *australes* i'r dolar. Ond yn ffodus fu dim problemau mawr a thrwy fod yn weddol ddarbodus fe lwyddais i fyw o fewn terfynau rhesymol gan wario ar yr anghenion yn unig.

Ac un o'r anghenion hynny oedd torri fy ngwallt! Yn naturiol gan mai am gyfnodau byr yr oeddwn i wedi bod yma o'r blaen fu dim rhaid imi wneud 'hyn ond bellach roedd y gwallt yn tyfu felly rhaid oedd morol am dorrwr. Cefais air â Nadine Laporte ac aeth hi â mi at ei thorrwr hi, merch o'r enw Clarita. A dyna lle'r oedd angen amynedd Job. Yma ym Mhorthaethwy mae gorfod disgwyl chwarter awr yn gyffredin ond unwaith y bydda i wedi cyrraedd y gadair dyna ni. Ond mae mynd at Clarita'n brofiad gwahanol ac yn golygu neilltuo'r bore cyfan dim ond i dorri gwallt — a doeddwn i ddim yn cael ei olchi hyd yn oed. Rhaid oedd sgwrsio efo'r cŵn, gwrando ar hanes diweddara Clarita, aros iddi gael smôc, iddi ollwng y cŵn allan, iddi eu gollwng i mewn, iddi gael sgwrs â'i chariad a chant a mil o fanion eraill. Ac yna ar ôl rhyw ddwyawr neu well cawn ddianc yn ôl i fyd call. A phob tro byddwn yn addunedu nad awn yno eto ond mynd wnawn i gan ei bod yn gallu torri gwallt yn dda.

Peth arall y bu arna i ei angen oedd blows wen ar gyfer y côr a dyma ddechrau crwydro'r siopau'n llawn hyder gan y tybiwn y byddai hwn yn beth hawdd ei gael, ond nid felly y bu 'hi. Cefais fod dillad o unrhyw safon yn ddrud iawn ac yn y diwedd dyma ofyn i Eryl Jones yn Nolavon wneud blows i mi a chael fy mhlesio cymaint nes gofyn iddi wneud trowsus hefyd. A dyna a wnâi llawer o bobl, mynd at wniadwraig ac roedd digon ohonyn nhw. Ac wrth gwrs roedd gwnïo yn eu helpu at eu byw mewn cyfnod o ddirwasgiad enbyd. Roeddwn i'n ffodus hefyd fod Elena'n gwau allan a gwnaeth hi gôt wau imi pan ddaeth yr haf ac felly ychydig a elwodd y siopau dillad arna i.

Fy angen mawr arall i oedd dysgu Sbaeneg. Roeddwn i wedi bod mewn dosbarth ym Mangor am ddwy flynedd ac er bod yr athro'n sicr yn arbenigwr ar yr iaith doedd o ddim wedi clywed am ddulliau dysgu heddiw! Yn sicr doedd o ddim yn credu mewn gwaith llafar o gwbl ac o ganlyniad doedd fy ngallu innau i'r cyfeiriad hwnnw ddim yn debyg o fod yn ddigonol at anghenion byw bob dydd, er y gellir byw yn Gaiman heb air o Sbaeneg i raddau helaeth iawn. Ond tybiwn mai cwrteisi ar fy rhan fyddai ymdrechu i siarad rhywfaint yn enwedig gan fod llawer o fy ffrindiau wedi priodi â rhai di-Gymraeg oedd er hynny'n hael eu croeso i mi ar eu haelwydydd. Derbyn y croeso boneddigaidd hwn gan Virgilio González dros gyfnod o flynyddoedd bellach oedd yn gyfrifol am imi ddechrau dysgu'r iaith yn y lle cyntaf. Felly rhaid oedd ymdrechu ymhellach yn ystod y flwyddyn ac i'r diben hwn awn i dŷ May Hughes yn Nhrelew bob wythnos am sgwrs Sbaeneg. Un o fy anawsterau oedd y ffaith nad oeddwn am siarad Sbaeneg â'r rhai oedd yn medru Cymraeg ond gallwn dderbyn May fel athrawes a siarad Sbaeneg am awr bob wythnos heb i hyn effeithio dim ar ein hiaith weddill yr amser. Yn ychwanegol at hyn cefais gyfle i fynd i ddosbarth nos yng Ngholeg Camwy. Yr athrawes yma oedd Ana María (neu Nia) Recchia, merch Irma Hughes de Jones. Dysgai hi iaith a llenyddiaeth Sbaeneg ac er bod y gwersi'n aml yn rhy anodd i mi cefais lawer iawn o bleser o dreulio dwyawr yr wythnos yng nghanol rhai oedd yn gwbl ddi-Gymraeg ac ymlafnio efo byd gwahanol iawn. A phan oedd ganddi amser deuai Nia i'r tŷ i roi gwers ychwanegol imi. Rhwng popeth llwyddais i fagu rhywfaint o hyder er na ddysgais i siarad Sbaeneg yn debyg i ddim.

# Gweithgareddau

Gelwais Gaiman yn bentref ond wn i ddim ai felly yr ystyrir y lle draw. Un peth sy'n sicr, rhyw weithgareddau pentrefol sydd yno a gallwn daeru ar adegau fy mod yn treulio'r gaeaf mewn pentref yng nghefn gwlad Cymru. Dyna ichi'r côr er enghraifft. Roedd hwn yn cyfarfod yn rheolaidd drwy'r gaeaf, ac yn yr haf hefyd pan oedd angen hynny, ac er nad oes gen i fawr o syniad am ganu penderfynais ymuno er mwyn dod i adnabod pobl a theimlo'n rhan o'r lle. Bu'n gaffaeliad mawr i mi os nad i'r côr! Caneuon Cymraeg a ganem bron yn llwyr gan baratoi ar gyfer yr Eisteddfod ac ambell gyngerdd ac er nad oedd pawb yn deall yr iaith roedd yr ynganu'n rhyfeddol o gywir. Yr unig drafferth mawr maen nhw'n ei gael yw gyda'r llythyren *y*, fel yn y gair *yn* er enghraifft, sy'n dueddol o droi'n *e* ganddynt. Drwg mawr yr ymarfer i mi oedd y duedd i'w gynnal am hanner awr wedi naw y nos pan oeddwn i'n dechrau meddwl am fy ngwely. Ac ar un cyfnod pan oeddwn i'n rhyw ryfygus ddysgu parti dawnsio gwerin ar gyfer yr Eisteddfod roedd yr ymarfer hwnnw'n dilyn y côr, sef tuag un ar ddeg y nos! Yn sicr doedd dim yn Gymreig yn yr oriau.

Ar gyfer nifer mawr o bethau y man cyfarfod oedd y capel, neu'n hytrach yr hen gapel sy bellach yn ystafell aml bwrpas gyda llwyfan ynddi a chegin. Ond bychan oedd yr ystafell ac ar gyfer rhywbeth a ddenai mwy o gynulleidfa rhaid oedd mynd i'r gampfa. Yno y cyhelir ffair lyfrau uchelgeisiol iawn bob blwyddyn. Mae yno nifer o stondinau yn gwerthu llyfrau o bob math ac yn ogystal ceir lansio yno rai llyfrau newydd sy'n ymwneud â'r Wladfa. Perfformir rhannau o'r llyfrau hyn gan blant Coleg Camwy gan amlaf a chynhelir gweithdai llenyddiaeth. A dim ond rhywbeth dros dair mil yw poblogaeth Gaiman! I mi, roedd yn rhyfeddod eu bod yn gallu cynnal ffair o'r fath.

Yn yr un lle y cynhelir y sioe amaethyddol fawr sy'n para dros gyfnod o ddau ddiwrnod. Bu paratoi mawr ar gyfer hon gan fod gan gapel Bethel stondin ynddi. Roedd fy nhŷ i a chegin Plas y Graig fel gweithdy am ddyddiau gan i ni fod yn gwneud bagiau bach arbennig ar gyfer yr hyn a werthem, bara blawd cyflawn, cyflath, cacennau bach, *lemon cheese,* ac addurniadau i'w rhoi ar y wal efo blodau wedi eu sychu. Does ryfedd ein bod wedi ymlâdd erbyn y diwrnod agoriadol. Ond rhywbeth ymylol oedd y stondinau, gogoniant y sioe yn naturiol oedd y cynnyrch gardd a ffarm a geid ynddi, ac roedd y rhain yn werth eu gweld efo popeth yn fwy nag yng Nghymru. Gwn eu bod yn dweud fod hyn yn wir am bethau yn yr Unol Daleithiau, a thueddwn i chwerthin gan feddwl mai nhw sy'n brolio, ond gallaf dystio fod tomatos Y Dyffryn yn anferth! Yr hyn oedd yn ddiddorol i mi oedd y seremoni agoriadol. Cyn i neb ddechrau siarad cerddai cynrychiolwyr o bob ysgol yn yr ardal ymlaen gan gario baner yr ysgol honno. A dyna ni rywsut yn cael yr uno pentrefol eto, oherwydd doedd a wnelo'r ysgolion ddim yn uniongyrchol â'r ffair.

I'r gampfa y deuai pawb i ddathlu gwahanol wyliau'r wlad, ac mae llawer iawn ohonyn nhw a phob un yn cael ei hanrhydeddu. Trueni na allem ni yma roi'r un sylw i Ŵyl Ddewi. Ond gwlad newydd yn llawn pobl o wahanol rannau o'r byd yw Ariannin yn gwneud yn fawr o bopeth sy ganddi i'w huno'n un genedl, a pha well ffordd o wneud hynny na thrwy gyd-ddathlu? Ac o sôn am bobl o wahanol rannau o'r byd, un o'r gwyliau hynny yw un y *colectividades.* Parodd y gair imi wneud un o blith fy nifer o gamgymeriadau ieithyddol twp. Rŵan, roeddwn i'n gwybod mai un o'r enwau am fws oedd *colectivo,* a rhywsut pan glywais i gyntaf am yr ŵyl hon

41

penderfynais mai rhyw fath o orymdaith bysiau oedd hi, a hyd heddiw dyna sy'n dod i'r meddwl gyntaf pan glywaf y gair. Ond diolch byth, dan do y cynhelir hon, yn y gampfa, a cheir un yn Nhrelew hefyd yn yr un math o le. Yno ceir stondinau gan wahanol wledydd yn dangos peth o'u cynnyrch a'u gogoniant, a stondinau yn gwneud bwyd traddodiadol y gwledydd a cheir byrddau lond y lle. Mae pawb yn mynd â chyllell a fforc a phlât, yn dewis bwyd ac yn eistedd wrth un o'r byrddau i'w fwyta. A chan fod yno gymaint o wahanol genhedloedd mae'r amrywiaeth yn aruthrol ac yn hynod o ddiddorol. Ar ôl y bwyd ceir cyngerdd gydag eitemau nodweddiadol o'r gwahanol wledydd, fel bod y noson yn un ddifyr a diddorol iawn, yn enwedig i mi oedd yn profi'r math yma o beth am y tro cyntaf.

Os mai dangos amrywiaeth cefndir wna gŵyl y *colectividades* dangos undod wna'r ddwy ŵyl genedlaethol fawr, sef y pumed ar hugain o Fai a'r nawfed o Orffennaf, y naill yn dathlu torri'n rhydd oddi wrth Sbaen a'r llall sefydlu gweriniaeth Ariannin. Unwaith eto mae i'r ysgolion le amlwg yn y ddwy gyda gorymdeithio mewn rhai mannau a seremoni, eto yn y gampfa yn Gaiman. Rhyw fath o basiant gafwyd gan blant ysgolion Gaiman pan oeddwn i yno a'r cyfan yn dweud peth o hanes y wlad. Ac unwaith eto roedd cynrychiolwyr pob ysgol yn cario baner Ariannin. Mae lle llawer mwy an-rhydeddus i hon nag sydd i'r Ddraig Goch yng Nghymru, a dechreuir pob diwrnod ysgol drwy dalu gwrogaeth iddi, ac fe'i codir bob dydd ar bob adeilad swyddogol. Ac i bobl draw, mae meddwl ein bod ni yma'n cynhyrchu lliain sychu llestri efo'r ddraig arno yn ddychryn!

Mae gan Goleg Camwy ei ddathliadau ei hun hefyd ac yn y gampfa y cynhelir rhai o'r rheini. Pob blwyddyn bydd dathlu diwedd y cwrs i'r rhai sy'n gorffen yn yr ysgol neu'r ysgol nos a cheir seremoni bwysig i gofio'r achlysur gyda llawer iawn o dynnu lluniau a chofleidio a cholli dagrau wrth i'r teuluoedd ymfalchïo yn llwyddiant eu plant. A chwarae teg i Luned González fe ges i wahoddiad i bob un o'r achlysuron yma, a hefyd i arddangosfa gymnasteg yr ysgol, a mwynhau pob un am ei fod yn wahanol.

Yn ddigon naturiol, gan eu bod ar gyfer y gymdeithas gyfan, Sbaeneg oedd iaith y gweithgareddau hyn i gyd ar wahân i ganu'r côr ond bob mis yn Gaiman awn i gyfarfod Cymraeg yn yr hen gapel. Cwrdd yr Undeb oedd hwn a chynhelid o fwy neu lai yn Gymraeg er mai yn Sbaeneg y cedwid y cofnodion. Mae eglwysi Cymraeg y Wladfa wedi ffurfio Undeb Yr Eglwysi Rhyddion er mwyn cyd-drafod materion sydd yn ymwneud â'r capeli Cymraeg a hwn sy'n trefnu unrhyw weithgaredd a geir ar y cyd fel gwersyll y plant, cymanfa ganu, cyfarfodydd undebol ac ymweliadau gweinidogion a phregethwyr o Gymru. Tra oeddwn i yno roedd llawer o drafod ar rydd-ddaliad y tiroedd y codwyd y capeli arnyn nhw gan i'r rhain gael eu rhoi yn y lle cyntaf gan unigolion oedd yn ffermio'r tiroedd hynny. Bellach, a'r hen deuluoedd wedi gwerthu'r ffermydd, rhaid oedd sicrhau mai'r capeli oedd piau'r darn tir y codwyd nhw arno. Doeddwn i ddim yn deall y cyfan o'r cefndir a chan fy mod i wedi dod o'r tu allan doeddwn i ddim yn hoffi holi gormod ond hyd y gwelwn i roedd hyn yn gallu bod yn waith hir, manwl a chostus iawn. Ac yn ôl fel y deallwn roedden nhw'n gorfod cofrestru'r Undeb a thalu'n ddrud am wneud hynny. Mae biwrocratiaeth yn gallu cyrraedd pob rhan o'n bywydau boed hynny yng Nghymru neu yn y Wladfa!

# Bwyd

Mae'n siŵr ichi sylweddoli erbyn hyn fod yr Archentwyr yn
rhai da iawn am ddathlu, ac yn aml iawn fe wneir hynny drwy
fwyta. Yr asado yw'r peth mawr yno, a rhywbeth yn debyg
yw'r drefn bob tro, gyda phawb yn mynd â'u llestri efo nhw
ac yn talu pris digon rhesymol am y bwyd. Rhostir oen o
flaen y tân ar fath o groes o fetel a bydd digon o sosej, bara
a salad i'w gael efo fo. Mae gan bwyllgor sy'n ceisio codi
arian i gael cartref i'r henoed yn Nhrelew le arbennig i
gynnal asado mewn man coediog heb fod ymhell o'r dre.
Unig anfantais hwn yw'r moscitos sy'n heidio yno yn yr haf.
Ar un noson yno cefais bymtheg pigiad ar un goes a deuddeg
ar y llall fel fy mod wedi cadw draw o'r lle am sbel wedyn.
Ond asado gwahanol iawn oedd y cyntaf imi ei gael ar fy
mlwyddyn draw, asado Coleg Camwy, a bydd y diwrnod yn
aros yn fy meddwl yn hir am mai dyma'r diwrnod braf iawn
cyntaf ar ôl imi gyrraedd. Y plant oedd yn gwneud y bwyd
ac ar wahân i Luned, Tegai a minnau dim ond y nhw oedd
yno, a'r cyfan o'r trefniadau yng ngofal pwyllgor ohonyn nhw.
Peth rhyfedd iawn i mi oedd gweld rhai yn cyrraedd ar gefn
ceffyl, a rhan o'r hwyl ar ôl bwyta oedd rasio ar gefnau'r
rhain. Yno y buom ni drwy'r pnawn tan tua phump yn
eistedd ar lan yr afon o dan y coed, a chan ei bod yn gynnar
ar y flwyddyn doedd dim golwg o foscitos yn unman.

Asado dan do oedd hwnnw y cefais wahoddiad iddo gan
bwyllgor yr Eisteddfod. Cynhaliwyd hwn yn festri capel y
Methodistiaid yn Gaiman i ddathlu'r ffaith fod y gwaith

caled drosodd am flwyddyn arall, a chefais innau fod yn rhan o'r dathlu, chwarae teg iddyn nhw. A phan wnaeth criw bach o Drelew oedd wedi bod yng Nghyrmu adeg Eisteddfod Porthmadog asado i Aled a Beryl Lloyd Davies cefais fynd i hwnnw hefyd. Ond y mwyaf o ddigon y bûm i ynddo oedd Asado'r Eisteddfod a gynhaliwyd yn neuadd Ysgol Gynradd Gaiman amser cinio ddydd Sul ar ôl y diwrnod mawr. Yn hwn roedd 400 o bobl a rhywsut neu'i gilydd roedden nhw wedi llwyddo i rostio digon o gig ar ein cyfer a pharatoi digon o salad o wahanol fath, a hufen iâ ar ei ôl, a gweinid y cyfan mor ddiffwdan. Ac ar ôl y bwyd bu canu a dawnsio, a phobl o bob oed yn ymuno yn yr hwyl. Ia, gwledd ryfeddol oedd honno.

Asado mewn man cyhoeddus oedd pob un o'r rhain ond bu ambell un bach mwy preifat hefyd ac am wn i nad oeddwn i'n mwynhau'r rheini'n well gan ei bod hi'n haws cynnal sgwrs dan amodau felly. Chwarae teg i Silvia, merch-yng-nghyfraith Hawys Davies, gwnaeth hi a ffrindiau eraill i Hawys yr oeddwn i wedi dod i'w hadnabod eisoes asado i 'nghroesawu i Drelew, a phan ddaeth Nadibel gartref dros y Nadolig gwnaeth ei rhieni asado a gwahodd teulu Plas y Graig a minnau iddo fo.

Rhywbeth Archentaidd yn ei hanfod yw'r asado ond dathliad llawer mwy Cymreig yw'r sosial a phrofais lawer o'r rhain hefyd yn ystod fy mlwyddyn draw. Rhai da am groesawu pobl o Gymru yw'r gwladfawyr a gwneir hyn ar ddwy raddfa yn aml. Ceir sosial mawr yn Neuadd Dewi Sant yn Nhrelew pan ddaw criw draw a sosial llai yn y capeli ar gyfer unigolion, ond er bod y lleoliad yn wahanol yr un yw'r drefn, sef bod pawb yn cyfrannu bwyd yn ôl eu dymuniad heb lawer o'r trefnu manwl a wnawn ni. Y syndod i mi o hyd oedd fod popeth yn gweithio mor dda heb fod gormod o un peth a dim digon o'r llall.

Mae ambell sosial yn sefyll allan am wahanol resymau. Y cyntaf o'r rhain yw'r un gynhaliwyd yn Nhrelew i ddathlu *Edau Gyfrodedd* gan Irma Hughes de Jones. Eisoes cafwyd cyfarfod dathlu yn Y Bala pan gyhoeddwyd y llyfr ym mis

Rhagfyr 1989 ond gan nad oedd Irma yno penderfynwyd cynnal un yn Nhrelew a dyna braf oedd gweld y lle yn llawn a phawb yn ymfalchïo yn ei llwyddiant. Un arall diddorol i mi oedd hwnnw gynhaliwyd pan ddaeth criw o ryw ddeg ar hugain o Gymry draw efo Dei a Mair Edwards o Lanuwch-llyn a hynny am mai un o'r Wladfa oeddwn i bellach yn estyn croeso i Gymry. A pheth digon od oedd hynny. Roedd criw Hel Straeon wedi cyrraedd yr un diwrnod ar gyfer ffilmio adeg yr Eisteddfod, cyrhaeddodd Russell Isaac efo'i deulu, a dau neu dri o bobl y llywodraeth yn Llundain, gan gynnwys un aelod seneddol o dde Cymru. Bron nad oedd yno gymaint o Gymru ag oedd o Ariannin. Y peth eironig oedd fod y rhain oedd wedi eu geni a'u magu draw yn siarad Cymraeg a'r sawl oedd yn aelod seneddol dros ran o Gymru yn gwbl ddi-Gymraeg, ac a dweud y gwir, roedd arna i, nad oedd a wnelo fi ddim oll ag o, gywilydd o'r ffaith. Gobeithio i'r gŵr ei hun hefyd sylweddoli eirioni'r sefyllfa.

Gwahanol ei naws a mwy cartrefol oedd sosial yn y capel. Cefais brofi wn i ddim faint o'r rhain gan mai dyma'r ffordd o groesawu ffrindiau o Gymru ac o ffarwelio â nhw. Ond i mi y peth mwyaf difyr oedd cael bod ar yr ochr arall, fel 'tai. Cawswn innau fy sosial croeso yn fy nhro ond rŵan roeddwn i'n un o'r rhai oedd yn croesawu. Gwneud brechdanau oedd fy rhan i gan fod pawb yno'n well na mi am wneud teisennau. Awn i Blas y Graig at Luned a gwnaem ein dwy bentyrrau o frechdanau, gan weithio yn debyg iawn i ryw ffatri erbyn y diwedd gan inni wneud cymaint mewn blwyddyn. Bu bron i mi lewygu y tro cyntaf y gwelais i'r bara. Nid torth fawr fel sydd yma gaed, o nage, rhyw lathen o dorth y gellid credu y byddai pump ohonyn nhw wedi bod yn fwy na digon i borthi'r pum mil.

Ond nid sosial croesawu neb oedd yr un a gofiaf orau o rai Tabernacl, Trelew, ond un i agor yr estyniad newydd i'r festri. Rhyfeddod yr amgylchiad, am wn i, sy'n gwneud hwn yn un mor arbennig. Wedi'r cyfan, does dim llawer o alw yng Nghymru am festri fwy am fod cymaint o gynnydd yn yr Ysgol Sul, ond dyma ddigwyddodd yn Nhrelew. Y tristwch i mi yw'r ffaith mai yn Sbaeneg y cynhelir hi gan fod y plant yn ddi-Gymraeg. Adeilad cyfleus iawn yw'r un newydd, yn agor allan o'r hen ran, ond yn gwbl wahanol iddo. Codwyd hwnnw ar y patrwm Cymreig ond mae rhywbeth yn llawer mwy Sbaenaidd yn yr un newydd gyda'i lawr teils a'i ffenestr fwa fawr. Yma y cynhaliwn fy nosbarthiadau am ei fod mor olau, a chan fy mod i am elwa ar y lle bûm innau'n un o'r criw a fu wrthi'n sgwrio a chrafu a golchi cyn y diwrnod mawr.

Mae'r asado a'r sosial fel ei gilydd yn rhan o fywyd y Cymry draw, y naill yn Archentaidd a'r llall yn Gymreig, a gwelir yr un cymysgu yn eu bwyd bob dydd hefyd. Mae aml i bryd bwyd yn gwbl draddodiadol Gymreig gyda'i gig, ei datws a'i lysiau ond ychydig iawn o fwyta pwdin a geir ar wahân i ffrwythau. Ac mae te yn fwy traddodiadol yno nag yw yma bellach. Mae'n siŵr mai dipyn o siom i'r rhai ddaw yma ar wyliau yw ein te pnawn ni sydd bellach, i'r rhan fwyaf ohonom ni, yn ddim mwy na phaned ac weithiau ryw sgonsen fach ddiniwed. Yn sicr all o ddim cystadlu â'u te nhw draw. Bûm yno sbelan cyn profi rhai eraill o fwydydd mwy traddodiadol y wlad am nad ydyn nhw'n ystyried y rhain yn bethau i'w rhoi i bobl ddieithr! Ond un dydd pan oedd pedwar o ffrindiau'n cael cinio gyda mi dyma eu holi am 'fwyd y wlad' a chael fod yno'n wir y fath beth, a chael hefyd wahoddiad i'w tai i'w fwyta. Ac yno yn nhŷ Neved a Norman Jones yn Nhrelew y profais fy *locro* cyntaf, a chael profi *puchero* yn nhŷ Aled a Valmai. Ac wedi sôn am y profiad wrth Luned dyma hithau'n paratoi *guiso* imi. Mae'r *guiso* a'r *puchero* ar yr un llinellau â lobscows ond rhyw fath o gawl yw'r unig ddisgrifiad alla i ei roi o *locro*. Roedd y rhain i gyd yn flasus iawn ac yn sicr yn llawn maeth ond o'r holl bethau a fwyteir draw fy ffefryn oedd *ñoquis* ac rwy'n sicr mai Hawys sy'n gwneud y rhai gorau yn y byd, a chwarae teg iddi mae'n fy ngwahodd draw i'w brofi bob tro yr af i'r Wladfa.

# Y Pethau Bob Dydd

Un o'r pethau a roddai bleser mawr iawn i mi yn ystod fy mlwyddyn draw oedd y teimlad yma o fod yn rhan o'r lle. Wedi'r cyfan roeddwn i'n ddigon cyfarwydd â'r Wladfa ar ôl tri ymweliad ond ymwelydd oeddwn i bryd hynny. Rŵan am y tro cyntaf roeddwn i'n cymryd rhan naturiol yn y pethau bob dydd ac yn profi pob agwedd ar fyw, a doedd y rhain ddim o angenrheidrwydd yn ddifyr bob tro!

Dyna ichi fater y trydan er enghraifft. Buan iawn y sylweddolais i mai digon bregus ac ansicr oedd y cyflenwad yn Gaiman. Roedd gweld y weiars yn hongian ar yr wyneb yn ddigon i ddychryn dyn ac wrth gwrs doedd dim modd diffodd y trydan yn y wal cyn rhoi plwg i mewn fel y gwnawn yma, ond mae dyn yn arfer yn fuan â phethau felly. Am ryw reswm roedd y golau yn y tŷ yn sâl iawn tan tua hanner awr wedi wyth bob nos. Yna yn sydyn roedd pethau'n gwella a gallwn weld lle'r oeddwn i wedi anghofio rhoi cwyr ar y llawr, a sylweddoli fod llawer i'w ddweud dros olau sâl. Bûm yn hir cyn deall mai rhyw weithdy yn ymyl oedd yn dwyn y cyflenwad. Ambell waith ceid toriad llwyr yn y trydan am rai oriau a phan ddeuai yn ei ôl doedd wybod beth fyddai ei gryfder. Am ryw ychydig wythnosau bu gwraig yn dod i mewn i lanhau. Am ychydig iawn o wythnosau a dweud y gwir gan na allwn oddef gorfod dweud mor fanwl bob tro beth ddylai ei wneud. Doedd dweud wrthi am lanhau trwodd yn da i ddim, rhaid oedd bod yn fanwl. A doedd dweud wrthi am 'dynnu llwch yn fan'ma' ddim yn talu chwaith gan

Stryd Michael D. Jones

Y Paith

Ffos

Ceg y Ffos

ei bod fy nghymryd yn llythrennol a 'fan'ma' yn unig fyddai wedi ei lanhau. Un gallu rhyfeddol oedd ganddi oedd ffiwsio'r golau. Gwnâi hyn bob tro y defnyddiai unrhyw beiriant trydan a golygai hynny anfon am rywun o'r Bwrdd Trydan i'w drwsio. Ar ôl rhyw chwe wythnos o hyn cefais ddigon a phenderfynu bod gwneud y gwaith fy hun yn well i'r pwysedd gwaed os nad i'r penliniau.

Er mai Coleg Camwy oedd yn talu am fy nhrydan roeddwn i'n derbyn y bil ac roedd yr holl bethau oedd wedi eu sgrifennu arno fo'n ddryswch i mi, nes darganfod fod gan Gaiman ryw fath o yswiriant ynghlwm â thalu hwn. Âi rhan o'r arian at fy nghladdu! A chofiwn innau fel y siaradai pobl erstalwm yma am gael yswiriant at eu claddu hwythau. Rwy'n credu mai rhyw sustem sydd gan Gaiman yw hwn ac nid rhywbeth cyffredinol i'r Wladfa, ond mae'n syniad ardderchog a doeddwn i ddim yn sicr ar ddiwedd y flwyddyn a ddylwn i deimlo'n falch na fu raid imi ddefnyddio'r gwasanaeth ynteu ddylwn i deimlo imi gael cam am imi dalu'n ofer.

Am ryw reswm mae'r tanciau dŵr allan ar doeau'r tai, sy'n lle iawn yn yr haf mae'n siŵr, er bod tuedd bryd hynny i'r dŵr oer fod yn boeth, ond sy'n lle od iawn yn y gaeaf pan fo hi'n rhewi. Wrth gwrs, erbyn meddwl, oherwydd y math o adeiladwaith geir amlaf fyddai dim lle i danc y tu mewn gan mai tai unllawr geir gan fwyaf a'r rheini heb le rhwng nenfwd a tho. Wel, fe rewodd fy nhanc i lawer tro ond roedd help parod wrth law. Clywais cyn mynd draw am gymwynasgarwch di-ben-draw gŵr o'r enw Herbert Jones oedd yn byw dros y ffordd i Dŷ'r Camwy ac oedd yn cadw golwg ar y lle bob amser. Wel, fe brofais innau lawer tro o'r cymwynasgarwch hwnnw, ac roedd y dyddiau pan rewai'r tanc yn rhai o'r troeon hynny! Rŵan, nid rhyw lefnyn ifanc 'mo Herbert Jones ond dyn dros ei bedwar ugain oed, ond doedd yn ddim ganddo gario ei ysgol drosodd a dringo i ben y to i ddatrys y broblem.

Ar y cyfan roedd dim dŵr yn fwy o broblem na gormod o ddŵr, ond cofiaf hynny'n digwydd hefyd. Aeth Luned a finnau un fin nos i weld ffrindiau ar ffarm yn ardal Bethesda, ffrindiau diddorol iawn am fod y bachgen yn Gymro o waed coch cyfan ac yn dal i siarad yr iaith a'i wraig hithau yn hanu o Siapan. Ac roedd ganddyn nhw ferch fach ychydig fisoedd oed o'r enw Gwendoline. Tra oedden ni yno daeth yn law mawr iawn a hynny wedi misoedd o sychder. Ac fe fethodd y ddaear â chymryd yr holl ddŵr nes bod llifogydd dros ran o'r Dyffryn. Ar ein ffordd adre aeth Luned a minnau i weld y difrod i gyfeiriad Trelew heb ddychmygu'r llanast fyddai yn fy stryd i! Mae'n amlwg i Stryd Michael D. Jones droi'n afon pan oedd y storm ar ei hanterth a bu'r cerrig breision a gludwyd y noson honno'n dyst i hynny am gryn amser. A daethai'r dŵr i fyny drwy lawr y stafell molchi yn y tŷ a gorlifo i'r stafell fyw, ac nid dŵr glân mohono ysywaeth. Doedd dim amdani ond clirio'r llanast, ac yn naturiol ar ôl gwneud hynny yr hyn oedd ei angen oedd bath, neu o ddiffyg hynny gawod boeth, ond doedd dim modd defnyddio'r ystafell molchi o gwbl, gan na allai'r dŵr fynd i unman ond yn ôl i'r tŷ! Y noson honno cerddais i lawr y stryd â lliain yn fy llaw i chwilio am rywle i ymolchi, a chael cawod hyfryd yn nhŷ Mrs Macdonald. Ond roedd gwaeth problem i ddod gan nad oedd gen i le chwech chwaith! Ond cafodd honno hefyd ei datrys gan Luned, sydd yn gallu datrys pob problem hyd y gwela i! Cefais fenthyg agoriad tai bach y plant yn yr ysgol a chan fod yno gawod hefyd, yno yr euthum y bore wedyn yn fy nghoban gan obeithio na fyddai neb yn digwydd pasio ar y pryd a 'ngweld i'n mynd fel rhyw ysbryd rhwng y tŷ a'r ysgol.

Un peth yn dda ynghylch byw yn Gaiman oedd bod yna rywun o 'hyd i ddatrys problemau. Luned gan amlaf ond nid pob tro er mai ati hi yr oeddwn i'n troi i gael gwybod at bwy i droi, os ydych chi'n gallu deall dweud fel yna! Os oedd hi'n broblem car, yna Archie Griffiths oedd y dyn. Fe wyddai o'n union ble i fynd a beth i'w wneud, a phan rewodd y car yn gorn un bore a finnau o'r herwydd yn methu â'i gychwyn ac yn gorfod gadael iddo wneud ei ffordd ei hun i lawr y mymryn allt at y garej Archie ddaeth yno i oruchwylio'r cyfan. A phan oedd angen triniaeth fwy ar yr hen Citroën bach fe drefnodd iddo fynd i mewn at Vivian Jones yn Nhre-lew, yr arbenigwr o Gymro caredig a chyniwynasgar. Mae'n rhyfedd fel mae pobl nad ydym yn eu hadnabod yn dda iawn yn gallu bod yn bwysig i ni weithiau. Un o'r rhain oedd Vivian Jones oherwydd y tro cyntaf i mi fynd i'r Wladfa, cynigiodd dyn ifanc, nad oedd yn siarad llawer o Gymraeg yn ôl ei honiad ei hun, fynd â thri ohonom ni i weld Eglwys Llanddewi gan ei bod ar dir ei deulu. Rhyw 'digwyddodd, darfu, megis seren wib' fu'r gŵr hwn bryd hynny a ninnau'n gwybod dim amdano fo. Ond dyma fo eto'n gwneud cymwynas arall â mi ddeng mlynedd yn ddiweddarach ac yn trwsio'r car bach. Ac ar ôl ei drwsio yn dod ag o'n ôl i Gaiman gan fy mod i wedi mynd i grwydro erbyn hynny.

Ddown i byth i ben i sôn am yr holl gymwynasau dderbyn-iais i yn ystod fy mlwyddyn draw. Doedd y bobl yr oeddwn i'n byw yn eu plith nhw ddim yn gyfoethog o bell ffordd ac yn aml iawn methwn â deall sut yr oedd modd cael dau ben llinyn ynghyd ar gyflogau mor fach, ac eto roeddwn i'n derbyn rhywbeth o hyd ac o hyd. Drwy'r haf deuai rhywun draw â ffrwythau neu lysiau o'r ardd, a llanwai'r silffoedd yn araf â photiau jam cartref. Wir, dydw i ddim yn credu imi fwyta cymaint o jam yn fy nydd. Deuai ambell gyw iâr a physgodyn tua Thŷ'r Camwy hefyd, a'r rhoddwr yn gwrthod derbyn unrhyw dâl amdanyn nhw. Ac roedd y caredigrwydd yn cyffwrdd yn fwy am y gwyddwn nad rhoi o'u digon yr oedden nhw. Yn ystod y cyfnod y bûm i draw bu ambell streic oherwydd na thelid cyflogau mewn pryd, ac ambell gyfarfod protest. Credaf i'r cyflogau ar adegau fod rhyw chwe wythnos yn hwyr yn cyrraedd, a bu helynt mawr yn Nhalaith Chubut a gorfodwyd yr Arlywydd i ymddiswyddo. Na, doedd byw ddim yn hawdd bob amser i rai oedd yn gorfod dibynnu ar y llywodraeth am eu cyflogau a'u pensiynau.

Does ryfedd, wir, mai ychydig iawn o bobl oedd yn talu yswiriant am ddim ar wahân i iechyd. Dipyn o sioc i mi oedd sylweddoli nad oedd yn arfer yswirio na thŷ na char, ond pan welais beth oedd y gost gallwn ddeall yn iawn y rheswm pam. Allwn i ddim meddwl am yrru car mewn sefyllfa mor ddieithr heb fod wedi fy yswirio a thelais y chwarter cyntaf yn syth, ond pan oedd angen adnewyddu'r yswiriant mynnodd Bethel, Gaiman ei dalu, sy'n enghraifft arall eto o'r caredigrwydd a dderbyniais. Ond roedd y rhan fwyaf yn talu yswiriant iechyd a hyd y gwelwn roeddent yn cael gwasanaeth da iawn, a chredaf o'r hyn a glywais fod yno ddoctoriaid ardderchog. Gallaf dystio fod hynny'n wir am ddeintydd y bu'n rhaid imi ddod i'w adnabod. Roedd o mor glên a dymunol nes imi deimlo'n siomedig braidd fod y driniaeth a gefais wedi gweithio mor ardderchog fel nad oedd yn rhaid i mi fynd yn ôl ato. Yn ffodus fu dim rhaid imi ymweld â na meddyg nac ysbyty ond bûm yn ymweld â chleifion yn un o'r clinigau preifat sawl gwaith a chael fy siomi yn y safon. Am mai preifat oedd disgwyliwn rywbeth gwell nag ysbyty cyffredin ond salach na'r hyn a geir yn Ysbyty Gwynedd, dyweder, oedd y gofal a'r gwasanaeth, a dibynnid ar y teulu am bopeth bron. Y drefn yno oedd cael rhywun i warchod y claf ddydd a nos fwy neu lai nes yr oedden nhw'n ddigon da i allu codi a gwneud drostynt eu hunain, a chefais innau dreulio un bore'n 'gwarchod' Mrs Macdonald oedd wedi torri ei choes. Roedd yn rhaid i'r teulu fynd i'r dref i nôl unrhyw gyffuriau neu unrhyw beth arall oedd ei angen, gan gynnwys bagiau o *saline* ac mae'r rheini'n bethau mawr i'w cario os nad oes gennych gar. Ar ôl gweld hyn i gyd allwn i ond diolch am ein gwasanaeth iechyd ni, er mor amherffaith yw hwnnw.

# Anifeiliaid

Un o'r pethau a wnawn yn gyson ac a roddai lawer o bleser
i mi oedd ymweld â ffarm Irma Hughes de Jones, sef Erw
Fair yn aral Treorci, i gyfeiriad Trelew o Gaiman. Bron na
ddaeth 'hyn yn ddefod ar bnawn Gwener a'r un oedd patrwm
yr ymweliad yn ddieithriad bron, er y cawn gwmni Laura
ar adegau a 'thro arall byddai Arel, chwaer Irma, yno. Drws
nesa yn n'hŷ Laura y byddem gan amlaf yn eistedd wrth le
tân oedd wedi ei osod ar draws un gornel i'r ystafell. Gyda y
cyrhaeddwn gosodai Irma'r tegell ar y tân i dwymo'r dŵr
ar gyfer gwneud *mate* ac yno y byddem wedyn yn sgwrsio
gan yfed *mate* a bwyta *pan fritas*, sef tameidiau bach o does
wedi eu coginio mewn saim. Pethau hynod o flasus — a
niweidiol iawn i'r iechyd rwy'n siŵr. Yna deuai awr bwydo'r
gwartheg, ond cyn 'hynny rhaid' oedd eu hel o'r caeau. Roedd
rhywbeth yn braf mewn mynd gyda Laura neu Irma ar draws
y caeau a hithau'n nosi i chwilio am war'theg oedd weithiau
wedi crwydro gryn bellter oddi wrth y tŷ. A chan ein bod
gan amlaf wedi siarad gormod a gadael iddi fynd yn hwyr
roedd hi weithiau'n anodd i mi ddweud y gwahaniaeth rhwng
y llwyni rhosod gwyllt a buwch, ond adwaenai Irma nhw wrt'h
eu henwau gan alw ar Mari Goch neu Mari Pasg, Moelfrech
neu Gwynfrech. Yna ar ôl eu cael at y tŷ rhaid oedd rhoi
bwyd i lawr ar eu cyfer ac ar adegau golygai hyn ei gario gryn
bellter gan groesi ffos fach ar blencyn digon simsan. Yr hyn a
wnâi'r croesi yn dipyn o fenter oedd y ffaith fod yno dair
gafr y tu ôl i mi a byddwn innau bob amser yn ymwybodol

iawn o'r cyrn! Ar wahân i'r gwartheg a'r geifr roedd yn Erw Fair gi o'r enw Pero Pero oedd yn ddychryn i mi ac a olygai na feiddiwn fynd at y tŷ heb rywun o'r teulu. Felly rhaid oedd aros wrth y giât fewnol a chanu'r corn nes i rywun ddod i fy achub. Dyna pryd y clywais y Gymraeg ar ei mwyaf ystwyth efallai, pan oedd Luned González gyda mi un tro a neb yn y golwg a hithau am dynnu sylw rhywun. Yr hyn ddywedodd hi oedd 'Tocarwch y bocina' gan wneud i'r geiriau Sbaeneg swnio'n rhai naturiol Gymraeg! Ci gwahanol iawn oedd Toby oedd yn cael byw yn y tŷ yn gwmni i'r cathod. Roedd nifer y rhain yn amrywio bob tro yr awn yno gan fod rhyw gath neu'i gilydd yn siŵr o gael cathod bach, a chawn innau lawer o bleser yn chwarae efo nhw. Yn aml iawn ar nos Wener rŵan byddaf yn cofio'r nosweithiau hynny yn Erw Fair a'r sgwsio difyr, gydag Irma'n gwybod mwy na mi am yr hyn oedd yn digwydd yng Nghymru. Darllenai'r *Cymro* a'r *Herald* yn gyson, a'r *Faner* pan oedd o, a phob llyfr Cymraeg y câi afael arno fel ei bod bron yn amhosibl sylweddoli na chafodd ei magu yng Nghymru ond iddi yn hytrach fyw gydol ei hoes yn y gornel hon o Ariannin. Dyna oedd un o'r pethau a roddai fwyaf o wefr i mi oedd cyfarfod y bobl hyn oedd yn aml yn llawer gwell Cymry na rhai o'r un oed yma a chlywed eu hiaith rywiog.

Gan imi sôn am wartheg Irma rhaid imi gyfeirio at wartheg eraill y bûm yn eu hela a hynny ar fore o aeaf eithriadol o oer. Yn aml pethau od sy'n aros yn y cof, a bore digon od oedd hwnnw ar lawer cyfrif. Y bwriad oedd symud gwartheg o ffarm o'r enw Y Fuches Wen i Barc y Llyn, gwartheg oedd yn perthyn i Tegai Roberts a'i brawd a'i chwiorydd ond oedd yn ei gofal hi. Roedd Lewis, ei brawd, adre ar wyliau o'r Unol Daleithiau felly aeth o gyda Tegai a Lucio, mab Luned, yn un car a Luned efo Palmira, oedd yn eu helpu yn y tŷ, a minnau yng nghar Luned. Cymeriad diddorol iawn yw Palmira ac er bod gen i bellach ryw ychydig o Sbaeneg dydw i ddim yn credu imi lwyddo i ddeall gair a ddywedodd erioed. Wn i ddim yn sicr o ba genedl y mae'n hanu er y gallwn daeru bod gwaed Indiad ynddi, ond mae ganddi wyneb llawn rhychau a llygaid duon gloyw. Mae hi'n byw mewn tŷ bychan bach ar ochr y ffos y tu allan i Gaiman ac am wn i nad un o'r ardal yma ydi hi. Un dydd Sadwrn aeth gyda thrip Ysgol Sul Gaiman i Borth Madryn a dyna'r tro cyntaf erioed iddi weld y môr, a hithau bellach dros ei thrigain ac wedi byw daith tri chwarter awr oddi wrtho. Synnu oedd hi ei weld mor fawr a'i fod yn hallt.

Wel, i fynd yn ôl at y gwartheg. Pan aethom i Fuches Wen roedd y cwbl wedi dianc ar ôl bwyta llysiau'r ffarmwr oedd yn dal y tir, felly dyma adael Tegai a'i llwyth car i ymddiheuro i hwnnw a mynd tua Pharc y Llyn. Yno yng nghefn y ffarm roedd yna'n wir wartheg. Ond y broblem oedd ai'r rhain oedd y gwartheg iawn? Wyddai Luned fwy na finnau y gwahaniaeth rhwng buwch a buwch gan mai Tegai oedd yn eu trin, felly dyma adael Palmira a minnau i'w gwarchod tra âi hi yn ôl i chwilio am y lleill. Pan roddodd hi ni i lawr wrth y cae dyma sylwi mai mewn cae letys yn perthyn i ryw ffarmwr arall y porai'r gwartheg a rhoddodd Luned floedd ar Palmira mewn Sbaeneg a dweud yr hyn o'i gyfieithu oedd rhywbeth yn debyg i hyn. 'Mae'r gwartheg yn bwyta'r letys, heliwch nhw.' A dyma Palmira i mewn i'w canol a hel y letys hynny fedrai hi !Yn ffodus, y rhain oedd y gwartheg iawn a'r gwaith wedyn oedd eu gyrru ar hyd y ffyrdd i'r cae lle y dylsen nhw fod. Cafodd Luned a finnau'r gwaith cymharol hawdd o warchod y troadau rhag iddyn nhw grwydro eto, ond rhaid fod y letys wedi eu gwneud yn ddigon swrth oherwydd fu dim rhaid i ni redeg na chwifio breichiau a chafwyd diwedd digon tawel i'r bore.

Fyddwn i ddim yn fy ngalw fy hun yn berson anifeiliaid, ond nid gwartheg yn unig ddaeth yn rhan o fy mywyd i yn ystod y flwyddyn. Fe ddois i'n eitha cyfeillgar ag ambell gi hefyd, gan gynnwys Candy, ci Elena Arnold y byddwn yn aros gyda hi yn Nhrelew. Allan y byddai hwn yn ddieithriad bron ond dyma berswadio Elena y dylai ei adael yn y tŷ i warchod pan oedd hi'n mynd allan fin nos yn y gaeaf, gan fod dipyn o dorri i mewn i dai yn yr ardal. Teimlo yr oeddwn i y byddai hi a'i thŷ yn fwy diogel felly. A dyma hithau'n gwneud hynny a dod yn ôl i'r tŷ a chael yr hen gi'n cysgu'n sownd o dan ei gwely! A dweud y gwir roedd ar Candy ofn ei gysgod a phetai'n ddyn byddai'n siŵr o grio ond ichi sbio'n gam arno. Dyna'r unig gi y gwn i amdano sy'n gorwedd â'i goesau blaen wedi eu croesi.

Pan gyrhaeddais Drelew y tro yma roedd gan Glyn a May Hughes gi o'r enw Preseli os cofiaf yn iawn, ond yn fuan ar ôl i mi gyrraedd fe ddiflannodd. Rhaid eu bod yn rhai anlwcus efo cŵn oherwydd yn fuan ar ôl imi ddod adref o'r ymweliad yn 1988 cafodd ci arall o'u heiddo ei ddwyn. Fodd bynnag, ymhen hir a 'hwyr, penderfynodd May gael ci yn lle Preseli ac un bach del oedd o 'hefyd. Ond mae yna ddywediad, 'tlws popeth bychan'! Yn ôl May, pwdl oedd hwn, ond wrth iddo dyfu roedd hi'n hawdd gweld fod rhyw amryfusedd wedi digwydd yn rhywle, naill ai ar ran dyn y siop na wyddai, mae'n amlwg, fawr ddim am gŵn neu ar ran mam y ci bach. Galwyd 'hwn yn Mona am fy mod i'n dod o Ynys Môn, ond mae gen i deimlad mai ystyr y gair mewn Sbaeneg yw Mrs Mwnci, ac os felly fu erioed enw gwell. O fod yn bentwr bach o gyrls du tyfodd 'hwn i fod yn greadur heglog hirwallt oedd yn gallu neidio fel pencampwr Olympaidd, fel mai perygl bywyd oedd mynd ar ei gyfyl oni bai eich bod yn sad iawn ar eich traed. Doedd wiw i May druan blannu dim yn yr ardd gan ei fod yn codi'r cyfan, neu dylwn ddweud 'ei bod' gan mai gast yw Mona. Ond er mor wyllt oedd hi roeddwn i'n hoff iawn ohoni a phan glywais iddi hithau ddiflannu a hynny ar ddydd Nadolig teimlwn yn drist iawn. Bu Mona ar goll am ddau fis ac yna un dydd gwelodd Neved, chwaer May, hi ar y gornel yn ymyl y tŷ, yn llesg a gwael. Ys gwn i ble bu hi y ddeufis hynny? Does raid dweud iddi gael croeso mawr a phob gofal fel ei bod bellach yn ôl pob sôn yn holliach. Yn sicr mae ei chyfarthiad yn ddigon cryf imi allu ei chlywed dros y ffôn! Alla i ond gobeithio y bydd hi'n fy nghofio i y tro nesaf y bydda i draw ac y bydd hi wedi dofi ychydig erbyn 'hynny.

Peidied neb â meddwl mai dim ond anifeiliaid pobl eraill oedd yn mynd â 'mryd i draw, roedd gen innau fy ffrindiau pedwartroed. Y noson gyntaf yn y tŷ codais i'r ystafell molchi ganol nos a dod wyneb yn wyneb â llygoden fach. Mae'n siŵr ei bod 'hi wedi dychryn lawn cymaint â mi ond fi wnaeth y ffwdan i gyd. Rŵan does gen i ddim yn erbyn llygod yn eu lle ond fy marn i nid fy nhŷ i yw'r lle hwnnw, felly dyma alw ar Herbert Jones i osod trap ac ar yr un pryd roi ychydig o wenwyn i lawr. Ond gan fy mod i'n amheuwr wrth natur dyma chwilio am drydedd ffordd o sicrhau na fyddai'r un llygoden yn meiddio dod ar gyfyl y lle fyth eto, a swcro cath i ymweld yn aml â'r tŷ. Doedd hyn ddim yn anodd gan i Mair Davies ddisgrifio cath fu'n ffrind iddi hithau yn yr un math o anghaffael pan oedd hi'n byw yn Nhŷ'r Camwy ac a brofodd ei gallu i lygota. Ond os bûm i mor ffôl â chredu y cawn i 'ddefnyddio' cath, buan y dysgais mai'r gath fyddai yn fy nefnyddio i a chyn hir roedd hi'n hawlio ei lle o flaen y tân a minnau'n ei bwydo'n helaeth â chig wedi ei falu neu â physgod. Sandra Day a'i bedyddiodd yn Siani a bu'n gymar ffyddlon gydol y flwyddyn. Roedd Sandra yn llygaid ei lle wrth roi enw merch arni oherwydd cyn 'hir sylweddolais fod yr hen gath yn twchu'n arw — a *hen* gath oedd 'hi hefyd. Ganed un gath fach iddi cyn hir ond r'haid ei bod wedi marw ar ei genedigaeth oherwydd dim ond un cip gefais i arni yng ngheg y fam ac yn gwbl farw. Wyddwn i ar y ddaear beth i'w wneud felly unwaith eto dyma alw ar Herbert Jones ond erbyn iddo gyrraedd diflanasai'r fam a'r gath fach. Daeth Siani yn ei 'hôl y noson honno ac am ddyddiau bu'n fy nilyn i bobman fel ci gan ddod gyda mi pan ymwelwn â chymdogion, nes imi gredu fod gen i gath gwbl niwrotig. Ond daeth pethau yn ôl i drefn a buan yr oedd yr hen Siani yn twchu unwaith eto, a'r tro hwn ganed tair cath fach iddi, un wen, un lwyd a gwyn ac un o liwiau digon anghyffredin, yn ddu a brown a hufen gydag ychydig o oren yn gymysg. Gan fod hanner ei hwyneb yn frown a'r hanner arall yn lliw 'hufen fe'i bedyddiwyd yn Malacara ar ôl ceffyl John Evans, Baqueano. Allan y ganed y cathod er i'r hen Siani wneud ei gorau glas i'w cael ar y soffa wrth ochr Alwina Thomas yn ystod un wers Gymraeg, ac allan y buont yn byw a newidiai'r fam eu lle bob hyn a hyn r'hag i neb

57

eu gweld, ond yn y diwedd cawsant gartref parhaol mewn coeden ac yno y clwydent yn y nos yn un rhes fel teulu o dylluanod. Cefais lawer o bleser yn gwylio'r cathod bach yn prifio ond rhaid cyfaddef i Siani ddirywio'n feddyliol a lle gynt y byddai'n dod i eistedd wrth fy ochr ar y soffa ac yn closio'n nes-nes ata i erbyn diwedd y flwyddyn tueddai i boeri a chwythu ar bopeth symudol. Ond roedd hi yna i gyd! Wrth sgwrsio â rhyw wraig oedd yn byw i fyny'r ffordd y dysgais fod gan yr hen gath gartref arall ac enw arall, sef Olivia! Ac eto chreda i yn fy myw nad Cymraes oedd hi gan mai ata i y daeth â'i chathod bach. A'r llygod? Welais i 'run wedyn, felly er cymaint yr oedd yn ei gostio i fwydo Siani a'i theulu fe dalodd am ei lle.

# Dyddiau Sul

Petawn yn disgrifio fy nyddiau Sul yng Nghymru byddai cofnodi un ohonynt yn rhoi patrwm y cyfan gan mai'r un peth fydda i'n ei wneud bron pob Sul trwy'r flwyddyn, ond yn y Wladfa roedd 'hi'n wahanol a hynny am fy mod i wedi cytuno i wasanaethu yn yr eglwysi yn ôl y galw. Rŵan, cyn i unrhyw ysgrifennydd eglwys ymestyn am ei lyfr bach rhaid brysio i ddweud na fydda i byth yn gwneud y fath beth gartref, ond roeddwn i wedi mynd i'r Wladfa i fod o wasanaeth pe gallwn, a dyma'r hyn yr oedd ei angen arnyn nhw, sef rhywun i helpu yn y capeli ar y Sul. Ond gan na cheid oedfaon yn y bore fel arfer awn i'r Ysgol Sul yn Gaiman.

Dechreuid yr ysgol gyda gwasanaeth o ganu emyn, darlleniad a gweddi, a hynny gan amlaf yn Sbaeneg er y cenid emyn Cymraeg weithiau, ac yna âi pawb i'w ddosbarth. Yn yr hen gapel y cynhelid dosbarthiadau'r plant, a hynny drwy gyfrwng y Sbaeneg ond arhosai dosbarth yr oedolion yn y capel gan glosio at y gwresogydd yn y gaeaf. Llond dwrn oedden ni ond darparai'r athrawes, Moelona Roberts de Drake, yn drwyadl iawn ar ein cyfer. Yr un fyddai'r patrwm yma hefyd, sef darllen o gwmpas y dosbarth a thrafod y wers fesul adnod, a hynny yn Gymraeg, gan gyfeirio at esboniad neu gyfieithiad Sbaeneg pan fyddai angen. Yma, ar ddiwedd yr awr deuai'r plant yn ôl o'r hen gapel a chyhoeddid y rhifau a maint y casgliad cyn canu emyn i orffen. A rhywsut, er bod yr iaith yn wahanol roeddwn yn ôl yn ysgol Sul fy mhlentyndod lle'r oedd y drefn yr un fath yn union.

Yn aml awn i ginio i Blas y Graig neu i gartref rhai eraill o'r aelodau, ac weithiau âi Luned a minnau am dro ar ôl cinio. Wrth gerdded fel hyn y dois i adnabod y bryniau uwchben y pentref a rhai o'r llwybrau o gwmpas y lle, a chyfarfod â rhai na ddeuwn ar eu traws yn unman arall. Felly y dois i sylweddoli gymaint o Gymry 'cudd' oedd yna yn Gaiman ac mor anodd oedd nodi faint yn union oedd yna o siaradwyr Cymraeg.

Dim ond un profiad annymunol gefais i yn fy mlwyddyn draw a digwyddodd hwn ar un o fy nghrwydriadau pnawn Sul. Fy hun oeddwn i'r tro hwn ac roedd hi'n awr cwrdd nos a minnau wedi aros gartref gan mai cwrdd Sbaeneg oedd o. Dechrau'r haf oedd hi a'r tywydd yn hynod o braf, a dyma fynd o'r tŷ dros y bryniau i ben arall y pentref ac yn ôl ar hyd y ffordd fawr. Aeth lori heibio i mi, yn mynd i'r cyfeiriad arall ond pan oeddwn yn troi i mewn i Stryd Michael D. Jones daeth yn ei hôl ac arafu wrth fynd heibio. Feddyliais i ddim am y peth nes iddi droi ar ben y ffordd a dod i lawr yn ôl, troi eto yn y gwaelod ac arafu eto a mynd i fyny ac i lawr eto fyth! Dyma gamu i mewn i ardd Mrs Macdonald gan gymryd yr âi'r lori ymlaen ar ei thaith, ond na, yn ôl y daeth hi eto ond bellach daethai dwy wraig oedd yn byw ar ben y ffordd allan o'u tai am sgwrs gan sefyll yn yr union fan lle troai'r lori bob gafael. Felly'r tro hwn bu raid iddi fynd rownd y tro i'r stryd nesaf a dyna gyfle i minnau fynd ar wib am y tŷ heb i'r gyrrwr fy ngweld. A dyna lle y bûm wedyn yn sbecian drwy'r ffenest gan wylio'r hen lori lwyd yn mynd i fyny ac i lawr y ffordd sawl gwaith cyn rhoi'r ffidil yn y to. Cefais lawer o hwyl wedyn wrth gofio'r digwyddiad a meddwl mor dwp oedd y gyrrwr yn gwastraffu petrol drud yn chwilio am hen wraig fel fi, ac a dweud y gwir pan ydych chi wedi hen gyrraedd canol oed mae digwyddiad o'r fath yn gwneud tipyn o les i'r hunanhyder, ond roedd y coesau'n crynu dipyn y noson honno ac roeddwn i'n falch iawn o weld Luned yn galw i mi gael dweud yr hanes wrthi. Syllais yn fanwl iawn ar bob lori lwyd am ddyddiau wedi hynny a chael cysur o beidio ei gweld fyth wedyn gan y profai nad rhywun lleol oedd y gyrrwr. Ac yn ddistaw bach tybiwn mai barn Duw oedd y cyfan am imi fynd i grwydro ar bnawn Sul yn lle mynd i'r cwrdd. Dyna effaith magwraeth biwritanaidd ar ddyn mae'n siŵr!

Yn ffodus, doedd y rhan fwyaf o'r Suliau ddim mor gynhyrfus â hyn er iddyn nhw fod lawn mor ddiddorol. Yn aml iawn roeddwn yn gwasanaethu yn un o'r capeli fin nos, a deuthum yn gyfarwydd iawn ag ambell un. Roeddwn yn adnabod Bethel, Gaiman, wrth gwrs, a hwn i bob pwrpas oedd fy nghapel i gan mai yno yr addolwn os nad oeddwn yn pregethu. Mae hwn yn adeilad gweddol ei faint a rhyw fath o lwyfan yn y tu blaen yn hytrach na sêt fawr. Rywfodd teimlwn yn bell oddi wrth fy nghynulleidfa yma bob amser a doedd y ffaith eu bod yn mynnu gadael y seti blaen yn wag ddim yn help i bontio'r bwlch. Ar sêt ochr yn ymyl yr organ eisteddai Gladys Thomas, merch ifanc fywiog, ddeallus oedd yn codi canu, ac wrth ei hochr y Bonwr Archie Griffiths oedd yn gyfrifol am y cyhoeddi. Fel rheol Alwina Thomas fyddai wrth yr organ ac er nad oedd ond rhyw ddau ddwsin yn y cwrdd yn rheolaidd roedd graen ar y canu. Unwaith, yn y Cwrdd Diolchgarwch mentrais ofyn i'r gynulleidfa symud i'r tu blaen ac er i'r cais eu bwrw braidd buont yn ddigon cwrtais i gydsynio ond yn eu holau yr aethant wedyn y Sul canlynol. Ac erbyn meddwl mae seti blaen y rhan fwyaf o gapeli Cymru yn wag hefyd a'r gynulleidfa'n mynnu gwasgu i'r seti cefn.

Ym mhatrwm eu heistedd roedd cynulleidfa Tabernacl, Trelew, yn wahanol gan fod y seti blaen yno'n llawn. Mae i hwn sêt fawr, er nad oes neb yn eistedd ynddi chwaith. Mae'r ffaith fod iddo gymaint o waith coed cymharol olau o ran lliw a'r ffaith ei fod yn gapel gweddol fychan yn ei wneud yn gapel cynnes iawn a hawdd iawn pregethu ynddo. Yma May Williams de Hughes fyddai wrth yr organ, Neved Jones oedd y codwr canu, ond ceid cyhoeddwr gwahanol yn ôl y mis. Tair gwraig, sef May Hughes, Neved Jones a Nilys Hernandez, wnâi hyn yn eu tro a hwy hefyd oedd yn gyfrifol am lenwi'r pwlpud y mis hwnnw. Rhoddai Neved Jones bwys mawr ar ansawdd y canu a wnâi canu rhywsut-rywsut mo'r tro o gwbl.

Ar yr adegau hynny pan lusgai'r gynulleidfa a hithau am i'r canu fod yn fywiog rhoddai daw ar bawb tra dywedai hi'r drefn. Byddai triniaeth o'r fath yn rhoi sioc i gapeli Cymru sydd wedi mynd yn rhy ffurfiol i roi lle i'r annisgwyl, ond rhoddai bleser mawr i mi am ei fod yn dangos fod yma gynulleidfa oedd yn addoli o ddifri. Roedd yna un peth a hoffwn yn fawr yn y Tabernacl a Bethel sef y dull hanner ffurfiol a hanner cyfeillgar o gyfeirio ataf fel Miss Cathrin.

Dyna'r ddau gapel yr awn iddyn nhw'n rheolaidd ond cefais y fraint o bregethu mewn tri arall yn y Dyffryn. Bûm ddwywaith yng nghapel Bryn Crwn, capel nad oes iddo enw ond enw'r ardal, a chapel a fu o'r dechrau'n anenwadol. Capel bychan yw hwn wedi ei godi ar fryncyn isel a'r tro cyntaf yr oeddwn yno roedd hi'n ganol gaeaf hynod o oer. Rwy'n cofio imi longyfarch y gynulleidfa am eistedd yn y seti blaen cyn sylweddoli mai wedi closio at y gwres yr oedden nhw! Sylweddolais y tro hwnnw fod bron y cyfan o'r gynulleidfa o ryw ddwsin yn perthyn i'w gilydd a'u bod i gyd yn deulu i'r diweddar brifardd Bryn Williams. Eto rhyw fath o lwyfan bach oedd yn cymryd lle sêt fawr, ac roedd i mi un anfantais o orfod sefyll arno, sef y ffaith fy mod y tu ôl i'r gwresogydd. Cofiaf fod yn hynod o falch o gael gwahoddiad i de gan Irma a Ieuan Williams a chael cyfle i ddadmar yno. Yr ail dro yr oeddwn ym Mryn Crwn roedd hi'n ganol haf a'r broblem y pnawn hwnnw oedd cael y gynulleidfa i fynd i mewn i'r capel yn lle sefyllian y tu allan yn siarad. Teimlwn yn debycach i gi defaid nag i fugail wrth drio'u cael i gyfeiriad y drws heb wneud fy mwriad yn rhy amlwg.

Bu capel Bethesda, Treorci, ar gau dros y gaeaf a chefais fod yno ar y Sul cyntaf iddo agor ei ddrysau unwaith eto. Cynulleidfa fechan oedd yno a'r rhan fwyaf yn mynd i gapel arall yn rheolaidd. Doedd yma na chodwr canu nac organydd (daethai Tegai Roberts efo mi o Gaiman i fod wrth yr organ) a hyd y gwelwn doedd neb yn gyfrifol am gyhoeddi na dim, ond roedd yma gynulleidfa ddeallus, werthfawrogol iawn ac Irma Hughes ar y diwedd yn 'diolch i'r pregethwr'. Ymhen awr ar ôl gorffen yn Nhreorci roeddwn yn rhoi'r un bregeth yn

Nhrelew a dipyn o sioc i mi oedd gweld dau o gynulleidfa'r pnawn yno'n cael y cawl eildwym. Rhaid i mi fod yn onest ac egluro mai ymlyniad at gapel oedd hyn ac nad oedd gen i ddim cynulleidfa'n fy nilyn o le i le fel yr hen hoelion wyth!

Yr olaf o gapeli'r Dyffryn i mi bregethu ynddo oedd Carmel, Dolavon, ac fel hyn y digwyddodd hynny. Cafodd Mair Davies ei galw adref i Gymru gan fod ei thad yn wael a'r Sul canlynol oedd yr un Sul y mis pan bregethai yn Nolavon. Roedd hi'n ganol gaeaf a hithau wedi fy rhybuddio i beidio â mynd os oedd hi'n oer iawn neu'n wlyb gan fod trefniant na chynhelid gwasanaeth dan amodau o'r fath. Wel, dyma un o ddyddiau oera'r flwyddyn ond gan nad oeddwn wedi bod yno o'r blaen doeddwn i ddim yn dymuno bod yn llwfr ac aros gartref oherwydd mymryn o dywydd drwg. Felly dyma fynd, a daeth tair gwraig ffyddlon yno am yr un rheswm, mae'n siŵr. Mae'r capel yn fawr a gwag, yn hen warws, ac yn oer iawn ar ddiwrnod o aeaf felly roeddwn yn falch pan ddywedodd Eiry Jones mai yn ei thŷ hi y cynhelid y gwasanaeth os oedd hi'n oer iawn. Yno yr aethom, bedair gwraig ddewr, a bu'n rhaid cael gwasanaeth cyflawn gan gynnwys yr emynau i gyd. Roedd yna organ fach drwodd yn y gegin a rhaid oedd mynd yno ar gyfer y canu ac er i Eiry druan wneud ei gorau i'n cynnal ychydig iawn o lewyrch oedd ar hwnnw. Eisteddai pawb ohonom yn yr ystafell fyw ar gyfer y gwasanaeth a phan oeddwn hanner ffordd drwy'r bregeth dyma sylwi ar gi a chath yn nrws y gegin fel petaent yn gwrando'n ddeallus ar y cyfan. Ar ddiwedd y gwasanaeth synnais glywed cyhoeddi casgliad a'u gweld yn cyfrannu'n hael iawn er y gwyddwn na allai neb ohonyn nhw fod yn gyfoethog, ond eu bwriad ddyliwn oedd rhoi'r arian i mi i ddiolch am fy ngwasanaeth, a chwarae teg iddyn nhw doedden nhw ddim yn fodlon o gwbl pan wrthodais ei dderbyn.

Yn ddigon naturiol y capeli yw'r sefydliadau mwyaf Cymreig yn y Wladfa ac yno mae'r Cymro ar ymweliad yn teimlo fwyaf cartrefol. Petawn wedi hiraethu o gwbl bod yn y cwrdd ar nos Sul fyddai wedi codi'r hiraeth hwnnw arna i ond nid felly y bu hi. Eto ar nos Sul ym Mhenuel, Bangor, mi fydd arna i hiraeth yn aml iawn am Suliau'r Wladfa. Tebyg iawn yw'r gwasanaeth a'r un yw'r sgwrsio y tu allan wedyn a phawb yr un mor gyndyn o droi am adref, a'r un yw'r problemau hefyd, y diffyg gweinidogion a phregethwyr, y gynulleidfa'n heneiddio ac yn teneuo, yr adeiladau'n hen a'r arian yn brin, a'r un yw'r cyfeillgarwch a'r gofal dros gyd-aelod. Ac eto mae yna wahaniaeth na ellir ei ddadansoddi'n iawn, dim ond ei deimlo. Efallai fod cyfrinach rhyw gynhes-rwydd ychwanegol yn yr urddas syml sydd byth yn troi'n ffurfioldeb nes bod pob gwasanaeth a seiat yn cadw rhyw ffresni. Y tebygrwydd hwn rhyngom sydd eto'n wahanol yw rhan o atyniad y Wladfa i bawb mae'n siŵr.

Mynwent Tir Halen

Irma Hughes de Jones a'r gwartheg

Herbert Jones ar y to

Esquel

*Llun: Marilyn Lewis*

# Gwyliau

Yr un gwyliau â ni mae'r gwladfawyr yn eu dathlu yn eu capeli, y Nadolig, y Pasg a Diolchgarwch am y Cynhaeaf. Y cyntaf o'r r'hain i mi ei ddathlu oedd y Nadolig. Peth digon syn oedd gweld ffug eira yn ffenestri siopau a rhyw fath o gelyn yn addurn a ninnau yng nghanol gwres mawr. Cefais fynd i wasanaeth Nadolig y plant yn Nhrelew a Gaiman a'u cael yn ddigon tebyg i'r hyn a gawn ni yma. Sbaeneg oedd iaith y ddau wasanaeth oni bai am adroddiad neu ddau ac ambell garol yn Gymraeg, ond roedd hi'n braf gweld y lle'n llawn a theuluoedd nad aent i'r cwrdd fel rheol wedi dod i weld eu plant neu blant eu ffrindiau yn cymryd rhan mewn drama neu gyngerdd.

Cymanfa Ganu a geir ar ddydd Gwener y Groglith a daw'r capeli at ei gilydd i Gaiman neu Drelew. Ceir gwasanaeth plant yn y pnawn a c'hymanfa oedolion gyda'r nos a cheir dysgu pennod a rhoi tystysgrif yn wobr. Sbaeneg yw iaith y plant er y ceir ambell emyn yn Gymraeg, ond Cymraeg yw iaith gwasanaeth yr hwyr. Ac wrth gwrs mae te yn y festri rhwng y ddau gyfarfod. Roeddwn yng Nghymanfa'r Groglith yn Gaiman yn 1981 hefyd a rhaid cyfaddef fod y gynulleidfa gryn dipyn yn llai yn 1991 a'r Gymraeg yn brinnach, ond teneuach yw'r gynulleidfa yma yng Nghymru 'hefyd o'i chymharu â'r 'hyn a geid ddeng mlynedd yn ôl.

Roedd dydd olaf mis Mawrth 1991 yn Sul y Pasg a minnau'n ceisio rhoi pregeth addas ac amserol yn Gaiman. Ymhen wythnos union roedd hi'n Wasanaethau Diolchgarwch yn y

Dyffryn! Roeddwn i'n pregethu yn Gaiman nos Sadwrn ac yn Nhrelew nos Sul a'm hofn mawr i oedd cymysgu dwy bregeth a dwy ŵyl! Peth rhyfedd iawn i ni yw dathlu'r Pasg yn yr hydref a chawn fy hun yn meddwl beth tybed wnâi athrawon heb allu cyfeirio at atgyfodiad yn nhermau natur a geni ŵyn bach ac ati. Ond peth rhyfeddach fyth oedd dathlu dwy ŵyl mor agos at ei gilydd. Ar y Sadwrn yn Gaiman cafwyd gwasanaeth y plant yn y pnawn ac edrychai'r capel yn hardd iawn wedi ei addurno â ffrwythau a llysiau. Pregethwn innau am chwech o'r gloch i'r gynulleidfa fwyaf gefais i yn Bethel gyda thros ddeugain yno. Fore Sul yn lle Ysgol Sul buom o gwmpas cartrefi'r pentref yn rhannu anrhegion a chefais innau gyfle i weld rhagor o Gymry, gan gynnwys Mr Macburney oedd bron yn gant oed ac yn enedigol o Fangor fel minnau. Erbyn gweld aethom i'r un ysgol gynradd ac roedd wrth ei fodd yn cyfarfod rhywun oedd yn adnabod ei hen dref. Nos Sul roeddwn yn rhoi'r un bregeth yn Nhrelew ac er imi gyrraedd yn gynnar iawn, tuag ugain munud i chwech, roedd tri ar ddeg o'r gynulleidfa yno o'm blaen. Rhai da am gyrraedd yn gynnar yw pobl Trelew!

A thra 'mod i'n sôn am wyliau eglwysig waeth imi ddal ar y cyfle i ddweud gair am ochr seciwlar y Nadolig. Mae unrhyw un sydd wedi treulio'r ŵyl yn y Wladfa yn sicr o fod yn gweld gwahaniaeth mawr yn null y dathlu. Ar wahân i'r hyn a geir yn y capeli ychydig o sylw a wneir ohoni er i'r archfarchnad newydd yn Nhrelew, Casa Tía, wneud ymdrech i'w masnacheiddio drwy werthu llawer o addurniadau. Dipyn o sioc i mi oedd sylweddoli fod pawb yn mynd i'r gwaith fel arfer ar ddydd Sant Steffan. Ond roedd llawer mwy a ddathlu ar noswyl y Nadolig, neu *Nochebuena,* gyda theuluoedd yn dod ynghyd i swpera ac i yfed seidir a bwyta *pan dulce* am hanner nos. Cefais innau wahoddiad i Blas y Graig ac ar ddiwedd y noson, a hithau bellach yn tynnu am un o'r gloch y bore dyna lle'r oedden ni'n addurno'r ystafell ar gyfer drannoeth ac yn gosod y cardiau yn eu lle, heb unrhyw sôn am fynd i'r gwely. Ac wrth fynd adref fy hun drwy strydoedd Gaiman am ddau o'r gloch y bore doeddwn i'n teimlo dim tamaid o ofn er bod yna griwiau o fechgyn yn tanio math digon diniwed ar dân gwyllt.

A thrannoeth roeddwn i'n ôl ym Mhlas y Graig yn cael cinio Nadolig a hwnnw'n un traddodiadol iawn, gyda chyw iâr a llysiau, a phwdin Nadolig a menyn toddi (neu saws gwyn i'r rhai nad ydyn nhw'n dod o Sir Fôn). Pan oeddwn i yn y Wladfa adeg y Nadolig 1986 treuliais y gwyliau gydag Eifiona a Henry Roberts ar eu fferm, Maes Rhyddid, a chael cinio llawer mwy Archentaidd sef asado allan ar y buarth. Peth braf ydi'r gymysgfa yma o ddau draddodiad sydd mor nodweddiadol o'r Dyffryn.

Ar ôl cinio dyma fynd yn y car am Blas Hedd, cartref Nadibel Laporte oedd yn gwarchod fy nhŷ i mi. Roedd hi bellach gartref ar wyliau gyda'i rhieni, ei mam, Nadine, yn or-wyres i Lewis Jones a Michael D. Jones a'i thad o dras Lladinaidd. Maen nhw wedi codi tŷ newydd ar safle hen gartref Lewis Jones ac yno yn dathlu'r Nadolig roedd mam Nadine, Mwyni ap Iwan, a Luis, brawd Nadine, a'i deulu yntau, oedd yn gwbl ddi-Gymraeg. A dyna finnau ar ôl hanner awr o siwrnai wedi newid byd unwaith eto. Ac i orffen y crwydro aeth Nadibel a minnau i Playa Unión i dŷ Ricardo Hughes i'w weld o, ei rieni, Glyn a May, a'i chwaer Miriam. Gan fod Miriam yn athrawes Saesneg a Ricardo fwy neu lai yn ddi-Gymraeg roedd tair iaith ar waith ar unwaith yno. Oes ryfedd imi gyrraedd yn ôl i Gaiman y noson honno yn teimlo fel petawn i wedi cael fy rhoi drwy fangl?

Y dathlu nesaf oedd y Calan. Bu Swper Calan yn Gaiman i hel arian i anfon Côr Ariannin i Gymru i gystadlu yn Eisteddfod yr Urdd ond cynhaliwyd hwnnw ddeuddydd ynghynt, ar y nos Sadwrn. A dyna beth oedd swper mawr! Am wn i nad oedd pawb o Gaiman yno er bod y tocynnau'n ddigon drud. Ond welais i yn fy myw gymaint o gydweithio ag a fu yn Gaiman dros yr wythnosau hynny o hel pres, gyda phobl yn gwneud *empanadas* a theisennau ac yn eu gwerthu o gwmpas y tai mor bell â Playa Unión. Mae'n amlwg i bawb brynu tocyn er lles y bobl ifanc a dod allan i fwynhau o ddifri. Wn i ddim pryd orffennodd y noson ond aethon ni oddi yno am hanner awr wedi tri ac i Blas y Graig am baned o de cyn mynd adref. Mae'n siŵr i lawer fod yno tan y bore yn dawnsio ac yn clebran ac yn mwynhau eu hunain.

Bellach roedd hi'n ganol haf a'r traeth yn galw a chefais innau wahoddiad i fynd i aros i lan y môr ddydd Calan. Mae gan Susi Quevedo, merch Gweneira Davies, dŷ braf iawn yno a threuliais dridiau difyr yn diogi ac yn ymarfer fy Sbaeneg — ac yn bwyta yn or-helaeth rhaid cyfaddef gan fod Gweneira a'i merch yn arbenigwyr ar goginio! Roedd hi'n braf iawn bod o fewn tafliad carreg i'r traeth a gallu mynd yno'n ôl yr awydd. Ac er mai cerrig oedd fwyaf yn y rhan honno roedd gorwedd yno ar fatres yn yfed tot o fati a sgwrsio yn ffordd ddifyr iawn o ymlacio. Ond mae angen dipyn o ddewrder i fynd i ymdrochi mewn dŵr mor oer!

Roeddwn i wedi edrych ymlaen at yr ŵyl nesaf ers tro ond pan ddaeth hi fy siomi gefais i. Gŵyl Ddewi oedd honno a bu tipyn o drafod arni ymlaen llaw. Fe'i cynhelir yn Neuadd Dewi Sant yn Nhrelew, adeilad hardd o frics coch a godwyd gan y Cymry ar ddechrau ail ddegawd y ganrif hon. Mae i hwn ddau lawr a nifer o siopau bach fel petaent yn rhan o'r llawr isaf. Erbyn heddiw defnyddir y neuadd fawr ar y llawr ar gyfer Bingo ac ar y llawr uchaf y cynhelir sosial a chyfarfodydd Cymreig eraill. Ond cynhelir swper Gŵyl Ddewi yn y brif neuadd gan fod angen digon o le. Yn y swper hwn fe anrhydeddir rhywun sydd wedi cyfrannu'n sylweddol i'r gymdeithas yn ystod y flwyddyn ac mae cryn ddyfalu ynghylch yr enw. Am ryw reswm cefais fy siomi yn y noson am na chafwyd sôn am Ddewi Sant ei hun ond yn hytrach am Gymdeithas Dewi Sant, Trelew, a chanmlwyddiant *Y Drafod* a buan y sylweddolais mai swper i ddathlu y ddau beth hwnnw oedd hwn. Nid fy mod yn gwarafun cael cwrdd i ddathlu'r *Drafod* wrth gwrs. I mi mae bodolaeth y papur hwn yn wyrth. Meddylier mewn difri am bapur newydd Cymraeg wedi ei gyhoeddi'n ddi-dor am ganrif gyfa a hynny y tu allan i Gymru. A gwych o beth oedd deall yn y cyfarfod fod y dalaith yn bwriadu anrhydeddu llafur diflino, a di-ddiolch yn aml, y golygydd, Irma Hughes de Jones, drwy roi pensiwn er anrhydedd iddi. Ac roeddwn wrth fy modd hefyd pan alwyd ar Neved Jones i gael ei hanrhydeddu fel 'Cymraes y Flwyddyn', a chefais bleser mawr o'r sgwrsio a'r dawnsio oedd yn dilyn y swper ardderchog.

Ond os cefais fy siomi yn y dathliadau Gŵyl Ddewi fel arall yn hollol oedd hi efo Gŵyl y Glaniad. Mae'r wythfed ar hugain o Orffennaf yn ŵyl genedlaethol yn Nhalaith Chubut er mwyn dathlu dyfodiad y Cymry i'r wlad, ac mae'r rhan fwyaf o'r siopau yn cau bnawn y diwrnod hwnnw ynghyd ag ysgolion a sefydliadau swyddogol y dalaith. Meddylier mewn difri am ran o Ariannin yn cau popeth i ddathlu dyfodiad y Cymry i'r wlad a ninnau yma yn methu cael diwrnod o wyliau i ddathlu dydd ein nawddsant.

Hwn oedd fy ail ymweliad â'r Wladfa ar Ŵyl y Glaniad a digon tebyg oedd y patrwm y ddau dro ond bod cyngerdd ar y noson cynt y tro hwn. Cynhaliwyd hwn yn y *Teatro Español* yn Nhrelew a chafwyd cyngerdd corawl ardderchog gyda chwech o gorau gwahanol yn cymryd rhan a'r rheini wedi dod o Ddolavon, Gaiman, Trelew, Rawson a Madryn. Mae'r theatr yn un hynod iawn, yn ddigon tebyg o ran ei chynllun i Neuadd Albert, Llundain, gyda seddau mewn rhesi ar y llawr uchaf. Cofiaf i'r noson orffen gyda chôr Trelew yn y galeri yn canu yn Gymraeg 'Bendigedig fyddo Arglwydd Dduw Israel' a'r geiriau yn atseinio wrth inni adael y theatr. Roeddem yn ôl yn yr un man fore trannoeth yn y seremoni ddathlu fer a chwaethus a gynhelir yn flynyddol ac ar ei diwedd aethom ymlaen i gapel y Tabernacl ar gyfer y gwasanaeth o ddiolch. Ac i mi, o ran dathlu, dyma oedd uchafbwynt y flwyddyn ac roedd hi'n wefr cael bod yn yr holl gyfarfodydd.

Ond nid dyma ddiwedd dathlu Gŵyl y Glaniad o bell ffordd. Os dathlu, dathlu yw hi yno! Yn y pnawn ceir te Cymreig yn y gwahanol gapeli, ysgolion a neuaddau drwy'r Dyffryn ac mae'r rhan hon o'r ŵyl yr un mor bwysig i'r rhai nad oes ganddynt ddafn o waed Cymreig nac unrhyw gyswllt â Chymru. Gan fod ffrind i mi o Gymru yn aros efo mi ar y pryd ar ei hymweliad cyntaf â Phatagonia, yn hytrach na

mynd i un man i gael te aeth Luned González ag Elena
Arnold, Marilyn a minnau o gwmpas y capeli i weld beth
oedd yn digwydd mewn gwahanol fannau. Cawsom fynd i
Fryn Crwn a gweld y rasio ceffylau yno. Nid rasio fel yn
Epsom neu Gaer ond rasio ar gae anwastad ar geffylau di-
gyfrwy, yn griw o lanciau a dynion swnllyd a hwyliog. Mwy
syber oedd y dathlu yn Lle Cul, Bryn Gwyn a Gaiman, ond
yr un oedd y stori ym mhobman, criw yn disgwyl y tu allan
am eu cyfle i fynd at y byrddau a llwythi o fwyd ar eu cyfer.
A fin nos pan oedd y gloddesta drosodd dyma fynd i seremoni
arall, seremoni diwedd blwyddyn Ysgol Nos Coleg Camwy.
Ysgol yw hon ar gyfer y rhai na chawsant fynd i'r Ysgol
Uwchradd ar ôl eu cyfnod yn yr Ysgol Gynradd. Mae'n
golygu tair blynedd o fynd i'r ysgol o nos Lun tan nos Wener
am dair awr ac yn ddigon naturiol mae hyn yn golygu ym-
drech arbennig iawn. Does ryfedd fod y fath deimlad o
falchder ymhlith y teuluoedd yn ystod y seremoni hon.

# Eisteddfodau

Y diwrnod pwysig nesaf yng nghalendr y flwyddyn i mi oedd Eisteddfod y Bobl Ifanc a gynhaliwyd yn Gaiman ddechrau Medi. Hon oedd fy eisteddfod gyntaf yn y Wladfa ac edrychwn ymlaen yn fawr ati. A theg dweud na chefais fy siomi o gwbl. Roeddwn i'n sylweddoli mai yn Sbaeneg y byddai'r rhan fwyaf o'r cystadlu ond cefais fy mhlesio o weld fod nifer o'r plant wedi trafferthu i ddysgu adroddiad a chân yn Gymraeg. Fel gwobr am gystadlu i'r rhai bach rhoddid math o bwrs bach yn llawn pethau da i'w hongian ar gordyn o amgylch y gwddw ac erbyn diwedd y dydd gwisgai ambell un wn i ddim faint o'r rhain. Ond yr hyn a roddai fwyaf o bleser oedd holl naws y diwrnod a'r awyrgylch frwd, gyfeillgar oedd yn y gampfa fawr. Mae eu trefniadau ar gyfer y beirniaid yn ddiddorol ac effeithiol iawn a gallem ni ddysgu llawer o'u dull hwy yno. Eisteddem wrth fwrdd hir ar ganol y llawr a meicroffon o flaen pob un fel nad oedd raid symud o'r fan i draddodi beirniadaeth. Yn naturiol roedd hyn yn arbed llawer iawn o amser ac yn llawer mwy taclus na'r holl fynd a dod a geir yma weithiau. A gwrandawai pawb yn barchus iawn ar bob beirniadaeth, ac yn fy achos i, ar y cyfieithiad i'r Sbaeneg wedyn. Roedd y pwyllgor wedi gofalu fy rhoi i eistedd rhwng May Hughes a Laura Henry gan fod May yn beirniadu'r canu Cymraeg a Laura'n fy helpu efo'r adrodd ac yn cyfieithu imi. Ac o'n blaenau ar y bwrdd roedd poteli o ddŵr, basgedi o bethau da ac addurn bach i bob un ar ffurf cannwyll mewn cylch o flodau. Roedd y llwyfan ei hun yn werth ei weld gydag un hanner wedi ei addurno â lliwiau a baner Ariannin a'r ochr arall â lliwiau Cymru a'r Ddraig Goch. Ac fel y mesurir llwyddiant eisteddfod yng Nghymru wrth ei hyd felly hefyd draw a rhaid fod hon yn un dda gan ei bod bron yn ddau o'r gloch y bore arni'n gorffen!

Ond yr Eisteddfod bwysicaf o ddigon yw'r Eisteddfod fawr a gynhaliwyd yn Nhrelew ddiwedd Hydref y flwyddyn honno ond a gynhelir bellach ym mis Medi. Yr un oedd y patrwm yn hon gyda'r beirniaid yn eistedd wrth feicroffon i draddodi'r feirniadaeth ac yma hefyd ceid y poteli dŵr a'r basgedi pethau da ond yn lle'r addurn â'r gannwyll cafodd pob un ohonom focs bach o siocled a blodyn yn anrheg! Gorffennai'r pnawn gyda seremoni cadeirio'r bardd ac i mi roedd hyn yn ddigwyddiad mawr, oherwydd nid yn unig roeddwn yn beirniadu ond hefyd yn derbyn cadair a hynny yn yr un seremoni! Rhag i rywun feddwl imi roi'r gadair i mi fy hun dylwn egluro imi ennill y gadair y flwyddyn flaenorol ond nad oeddwn yno i'w derbyn ac i'r pwyllgor benderfynu ei rhoi imi flwyddyn yn hwyr. May Hughes oedd yn arwain y seremoni a gwnaeth hynny gyda'r un urddas ag y gwna bopeth. Galwyd ar bawb oedd yn cymryd rhan ynddi i ddod i'r llwyfan gan gynnwys cyn-enillwyr y gadair ac unrhyw un o Gymru oedd yno oedd yn aelod o Orsedd y Beirdd. Ac yno yn 1990 roedd W. J. Jones, Robyn Lewis a Gwyn Llewelyn. Wn i ddim os mai mwy ynteu llai nerfus oeddwn i o gael fy nghyd-Gymry y tu cefn imi ar y llwyfan tra traddodwn fy meirniadaeth a derbyn fy nghadair! Ieuan Jones o Gymru enillodd y gadair y flwyddyn honno a chafodd ei gadeirio yn ddefodus iawn gyda'r cleddyf, gweddi'r orsedd, y ddawns flodau a chân y cadeirio.

Y cadeirio oedd yn cau gweithgareddau'r pnawn ac wedi rhyw awr o doriad dechreuwyd ar gyfarfod yr hwyr. Roedd yma gystadleuwyr o bob rhan o Ariannin a chystadlu brwd Un o uchafbwyntiau'r noson oedd seremoni'r coroni a lywiwyd gan y Bonwr Virgilio Zampini. Am gerdd mewn Sbaeneg y rhoir y goron a doedd dim cleddyf na chân ond cafwyd y ddawns flodau yma eto. Uchafbwynt arall oedd cystadleuaeth y corau cymysg yn Gymraeg a chefais innau fynd i'r llwyfan gyda chôr Gaiman a dipyn o wefr oedd honno, a gwefr fwy fyth oedd inni ennill. Bellach roedd hi'n dri o'r gloch y bore a phawb y tu hwnt o flinedig ond rhaid oedd aros tan y diwedd un er mwyn bod yno i ganu 'Hen Wlad fy Nhadau'. Alla i fyth ddisgrifio fy nheimladau wrth sefyll yno yn Nhrelew yn cyd-ganu'r anthem gyda chriw o Wladfawyr, llawer ohonyn nhw mewn dipyn o oed ond yn benderfynol o beidio mynd adref nes bod y cyfan drosodd, ar ddiwedd diwrnod oedd wedi bod mor gwbl Gymreig ar un wedd ond a oedd hefyd wedi llwyddo i gyfuno dau draddodiad ac uno pobl o wahanol dras mewn cystadlu cyfeillgar.

Yn anffodus methais â mynd i Eisteddfod Trevelin gan imi fynd i grwydro tua'r gogledd ond cefais ddwy eisteddfod arall cyn diwedd y flwyddyn. Y gyntaf oedd yr hyn a alwant yn 'Micro Eisteddfod' Coleg Camwy. Cynhaliwyd hon yn yr hen gapel ac yn ddigon naturiol Sbaeneg oedd ei hiaith. Roedd mwy o feirniadaethau nag o ddim arall yma gan na cheid cystadlaethau cerddoriaeth am ryw reswm. Y plant a wnâi'r cyfan ac roedd y cwbwl yn hynod o drefnus.

Gwahanol iawn oedd yr olaf o'r eisteddfodau gan ei bod yn llawer mwy Cymreig, ac er imi ei mwynhau'n fawr ar ryw olwg roedd yn ddiwrnod trist iawn i mi gan y byddwn yn gadael y Dyffryn drannoeth. Credaf fod pob awr o'r diwrnod hwnnw wedi ei serio ar y cof am ei fod mor llawn o uchafbwyntiau. Yn ystod y bore galwodd ambell ffrind i ffarwelio ac yna cefais wahoddiad i dŷ Edith Macdonald i ginio. Yno hefyd roedd Gwyn L. Williams o'r BBC ym Mangor, y fo fel finnau yn mynd i feirniadu'r diwrnod hwnnw er mai dim ond wedi taro draw i'r Wladfa ar ymweliad byr iawn yr oedd ar ôl ymweld â rhan arall o Dde America. Yna am ddau o'r gloch draw â ni i'r hen gapel unwaith eto a chael mai'r un oedd y sustem gyda'r meicroffon yno hefyd. Y plant oedd yn cystadlu ac roedd rhesi ohonyn nhw! Roeddwn yn falch pan ddaeth yn amser i ni fel beirniaid fynd i gael bwyd i dŷ te Plas y Coed. Doedd dim llawn cymaint o gystadlu yng nghyfarfod yr hwyr ond bu honno'n noson hwyliog iawn, yn fwy o gwrdd cystadleuol nag eisteddfod fawreddog, ac erbyn meddwl dyna y'i gelwid gan amryw. Ar ddiwedd y cwrdd bu'n rhaid imi fynd ymlaen i gael anrheg gan y pwyllgor ac ar ôl hynny bu ffarwelio mawr. Gwnaf, fe gofiaf yr eisteddfod honno ac ar ryw ystyr hon a fwynheais orau o'r cwbl i gyd.

# Crwydro Ymhell

Er imi golli Eisteddfod Trevelin cefais ddigon o gyfle i fynd draw i'r Andes am dro. Weithiau teimlaf yn euog am ein bod yn tueddu i roi ein holl sylw i'r Dyffryn ac anghofio am y criw o Gymry o ran tras sy'n byw draw wrth droed y mynyddoedd. Am ryw reswm mae'n well gan y rhan fwyaf yr ardal anial, wastad ar lannau'r Gamwy yn hytrach na'r tir brasach yng Nghwm Hyfryd er na all neb wadu nad yw'r rhan honno o'r wlad yn brydferthach. Ond mae o'n brydferth-wch sy'n fwy cyfarwydd i mi ac efallai mai yn ei ddieithrwch y mae'r Dyffryn yn ddeniadol. Ond mae gen i ffrindiau da iawn yn byw yn Esquel, teulu y deuthum i'w hadnabod y tro cyntaf imi fod draw ac a gadwodd ddrws agored imi yno fyth oddi ar hynny. Yn Esquel gydag Aira ac Elgar Hughes a'u plant y treuliais bob ymweliad â'r Andes. Gyda hwy y treuliais y Calan yn 1987 a mynd am bicnic ar lan Aber Gyrrents gyda'r teulu a chael fod yna tua thrigain o bobl i gyd yn perthyn rywsut. Cofiaf nofio yn yr afon y Calan hwnnw mewn dŵr oedd wedi dod yn syth o eira'r Andes a chofiaf y swper Nos Calan yn nhŷ Aira, a'r plant wedi dod adref i gyd-ddathlu gyda'u rhieni a taid a nain, sef Alwen ac Anson Roberts. A rŵan a hithau'n ganol gaeaf a ffrind o Gymru'n aros gyda mi dyma fynd draw eto i'w gweld.

Gan mai dyma ymweliad cyntaf Marilyn Lewis â'r Wladfa roeddwn yn awyddus i groesi'r paith yn hytrach na hedfan draw ac wedi trefnu i fynd ar y bws. Islwyn Ffowc Elis sy'n dweud, 'Gwae fi y mae imi gyfeillion', ond yr unig beth alla i ei ddweud ar ôl fy mlwyddyn draw yw 'Diolch byth, y mae i mi gyfeillion,a dau o'r cyfeillion da hynny gynigiodd fynd â ni bob cam yn y car. Ac nid rhyw daith Bangor i Gaerdydd mohoni. Mae tua 350 milltir o Drelew i Esquel a hynny ar hyd ffordd unig iawn ac er ei bod wedi ei phalmantu mae hi'n dyllig iawn yma ac acw. Mae hi'n daith diwrnod hir, a rhaid cyfaddef fod y rhan gyntaf yn ddiflas iawn. Ond unwaith y croesir yr hyn a alwai'r hen Gymry yn Hirdaith Edwyn, rhan o'r paith lle na cheir dŵr, mae'r olygfa'n hynod iawn ac yn amrywiol. Y peth mwyaf trawiadol efallai yw'r holl liwiau gwahanol, yn felyn, coch, gwyrdd a du. Hefyd mae'r ffordd yn dilyn yr afon am ran helaeth o'r daith ac mae rhywbeth yn hudolus yn hon â'i choed yn plygu drosti. A does dim fel cwmni sy'n adnabod y ffordd a hanes y wlad, ac sydd ar ben hynny yn gallu dweud yr hanes mewn ffordd ddiddorol. A rhai felly yw Dewi Mefin ac Eileen Jones. A gwahaniaeth arall rhwng y daith hon a thaith mewn bws yw bod cyfle i aros yn awr ac yn y man. Cofiaf groesi unwaith o'r blaen ar y bws a gweld ar ymyl y ffordd fedd unig. Ac yn fy nyddiadur am y daith honno mae'r cwestiwn bedd pwy tybed? A rŵan dyma imi ateb o'r diwedd. Bedd Jac Lewis oedd hwn, un o'r teithwyr cynnar a fu farw ar y daith ac a gladdwyd yma yn unigedd y paith. Ac *mae'r* paith *yn* unig efo dim ond ambell le gwerthu petrol ac yma ac acw hen deiar car i nodi ffordd at ffarm oedd yn profi fod yna rai yn byw yn yr ardal. Ond yn ôl Dewi gallai'r ffermydd hynny fod filltiroedd lawer o'r ffordd a bywyd anghymdeithasol iawn a gâi'r ffermwyr hyn.

A gydol y daith caem ein hatgoffa gan yr enwau mai'r Cymry a arloesodd y ffordd hon yn eu hymchwil am fwy o dir. Mae'r enwau hynny naill ai yn deillio o nodweddion y tirwedd neu o ryw ddigwyddiad neu dro trwstan. Dyna ichi leoedd fel Dôl y Plu a Dôl yr Ymlid sy'n ein hatgoffa mai gwlad yr Indiaid yw hon. Ond dychymyg y Cymro roes inni enwau fel Dyffryn yr Allorau a Pen yr Ych oherwydd siâp y mynyddoedd. A throeon trwstan sy'n sail i Bocs Jin a Phantyffwdan a drowyd bellach gan y Sbaenwr yn Partafuden, sy'n dangos nad y Sais yw'r unig un sy'n gallu gwneud smonach o enwau Cymraeg!

O wneud y daith hon i un cyfeiriad yn unig yna i fyny'r Dyffryn yw'r ffordd orau gan fod troed-fynyddoedd yr Andes i'w gweld yn syndod o fuan ac maent yno'n rhes hir o'n blaenau am filltiroedd lawer. A chan mai yn y pnawn mae dyn yn nesu atynt a'r haul bellach ar fachlud mae hon yn olygfa nodedig iawn, yn enwedig pan fo eira ar y copaon uchaf. Ac yna, ar ben y daith mae Esquel ei hun, mewn powlen yng nghanol y mynyddoedd, ac i mi, y tro hwn fel pob tro, y croeso yn Stryd Volta a'r te a'r *mate* a'r sgwrsio yn ddiddiwedd.

Roedd ein diwrnod cyntaf yn Esquel yn un prysur iawn. Mynd i ginio i dŷ Rini Knobel, hithau'n ein cymryd yn y car i fyny'r Zeta wedyn i weld golygfeydd anhygoel o'r Andes, i Bella Vista, tŷ Shirley Freeman, tŷ hynod o ddiddorol, ac yna'n ôl i de i dŷ Anson ac Alwen Roberts, ac yn ôl i swper at Aira ac Elgar. A chanlyniad yr holl fwyta oedd ein bod yn rhy swrth i symud erbyn diwedd y dydd gorlawn hwnnw. A diwrnod llawn oedd yr ail hefyd gyda rhagor o weld ffrindiau a chael cyfle i weld ychydig ar y dref ei hun. Tref mewn powlen yw hon a dim ond ychydig o'i strydoedd sydd wedi eu palmantu, er bod y sefyllfa'n gwella bob tro yr af yno. I raddau mae hi'n dref dwristaidd, neu'n ceisio bod felly, oherwydd bod yna le sgïo yn y bryniau uwch ei phen ond fel yng ngweddill Ariannin does yna ddim digon o arian iddi fod yn llewyrchus ac oherwydd hynny rhyw wedd drist sydd iddi.

Diolch i Elgar cawsom fynd i lawr i Dervelin ac yn is na hynny i dŷ Elsi a Ben Roberts ac er nad oedd hi'n dywydd braf iawn cafodd Marilyn gip o leiaf ar Orsedd y Cwmwl. Dyma un o fy hoff fynyddoedd i ers cyn imi ei weld erioed. Roeddwn wedi darllen yng ngwaith Eluned Morgan am y mynydd hwn ym mhen draw'r byd y rhoddodd yr arloeswyr cyntaf enw Cymraeg mor rhamantus arno a hwn oedd un o'r pethau yr oeddwn yn awyddus i'w weld ar fy nhaith gyntaf i'r Andes. Ac yn sicr chefais i 'mo'm siomi, oherwydd mae

77

mawredd a rhamant yn hwn, yno uwchben y cwm a'r cymylau bach ysgafn yn eistedd arno.

Drannoeth daeth Dewi Mefin ac Eileen atom i ginio ac yna yn ôl â ni ar draws y paith gan aros y tro hwn i weld ogof lle'r oedd peintiad o waith yr Indiaid ar y graig, peintiad o ddwylo mewn rhyw liw coch. Ac wedi saith awr o daith roedden ni'n ôl yn Gaiman. Mae yna rai sy'n gwneud y siwrnai mewn rhyw bum awr ond diolch nad y nhw yw fy ffrindiau draw!

Cefais grwydro ymhellach na hyn yng nghwmni Marilyn. Cyn gadael Cymru roeddwn wedi rhyw led-drefnu taith i'r gogledd ac wedi sicrhau sedd ar awyren i Iguazú a sedd yn ôl o Resistencia i Buenos Aires ond rhwng y ddau roeddem am wneud ein ffordd ein hunain yn fentrus iawn. Cawsom aros yn Buenos Aires gyda Vali a Jorge Irianni a chael ein danfon ganddyn nhw i Aeroparque am hanner awr wedi pump ar y bore mwyaf stormus imi ei weld erioed. Wn i ddim sut y llwyddodd Jorge i yrru drwy'r fath ddŵr ond rhywsut roeddem yn y maes awyr mewn pryd, ac wrth fynd o'r adeilad i'r awyren roeddem wedi gwlychu at y croen. Ac yna mewn dim amser roeddem yng nghanol haul a gwres Iguazú. Cawswn gyfeiriad hotel yn Fos de Iguassú gan Brian Williams o gwmni *Journey Latin America*, Cymro da o Fae Colwyn sy'n ffrind i bawb ohonom ni sy'n mynd a dod i'r Wladfa. Wel, fe gawsom le i aros ond nid i gysgu gan fod hwn y lle mwyaf swnllyd posibl gyda gweithwyr yno'n gwneud rhywfaint o waith atgyweirio ac yn canu a gweiddi ddydd a nos. A doedd gen i ddim digon o Sbaeneg i gwyno! Ond pa wahaniaeth wir, achos doedden ni o fewn taith bws i'r rhaeadrau enwog. Roeddwn i wedi eu gweld unwaith o'r blaen ar fy nhaith gyntaf i Ariannin ond mae yna bethau yn y byd yma na all dyn fyth flino arnyn nhw a lle felly yw'r rhaeadrau. Aethom i ochr Brasil un diwrnod ac i ochr Ariannin drannoeth, achos mae'r rhain yn pontio dwy wlad, a chael cerdded yn llythrennol yn eu canol a chael ein gwlychu gan eu dyfroedd hefyd. Yn ôl nodyn sy gen i yn fy nyddiadur mae lled y rhaeadrau yn ddwy filltir a hanner a'u huchder yn 269 troedfedd ond all gwybod hynny ddim cyfleu eu mawredd. Pan fu'r Parch Eirian Davies yn Iguazú fe gafodd ei symbylu i sgrifennu cerdd a dweud ynddi:

Yno mae rhaeadrau, fel gwlân yn y glaw,
Tros wefus y creigiau'n ymarllwys islaw

ac mae eu disgrifio fel gwlân yn y glaw yn sicr yn berffaith ond yr hyn sy'n rhoi'r wir wefr yw'r teimlad o fod yn eu canol o hyd yn hytrach na bod yn edrych arnyn nhw o bell.

Ar fy ymweliad cyntaf ddeng mlynedd ynghynt a minnau ar daith wedi ei threfnu cefais aros yn y gwesty moethus y gellir gweld y rhaeadrau ohono ond y tro yma roedd fy myd dipyn tlotach ond nid mor dlawd â byd y rheini a gysgai ar y stryd gyferbyn â'n gwesty yn Fos. Roedd yn gas gen i gerdded ar hyd y palmant a gorfod camu drostynt, yn deuluoedd cyfain cwbl ddigartref.

Ar ôl deuddydd yn Fos dyma ei chychwyn hi ar y bws am Asunción, prifddinas Paraquay a chael taith fythgofiadwy o ryw bum awr ar draws gwlad wahanol iawn i ddim a welsom cyn hyn. Roedd y tir yn ffrwythlon goch a'r tyfiant mor eithriadol o wyrdd ar ôl peithdir Ariannin. Ac roedd fel petai pawb yn byw ar fin y ffordd fawr yng ngŵydd y cyhoedd. Yno ar fin y ffordd yr oedd y tai a'r rheini'n hanner agored gyda math o gyntedd rhwng dwy ystafell lle y ceid cysgod rhag yr haul ac awyr iach yr un pryd. A rhwng y tai a'r ffordd fe borai'r anifeiliaid a chwaraeai'r plant bach. Ar hyd y ffordd cerddai tyrrau o blant yn eu cotiau ysgol gwyn ac âi'r gwragedd i wneud neges a'r dynion i weithio. Roedd y cyfan fel rhyw ffilm ddiddiwedd, a phob hyn a hyn deuai rhan o'r ffilm i mewn i'r bws atom. Pan arhosai hwnnw deuai rhai o'r gwragedd arno i werthu bwydydd o wahanol fathau gan fynd i lawr wedyn filltiroedd o'u man cychwyn. Ac er iddi fod yn daith hir o ran oriau, i ni oedd yn gweld byd mor wahanol fe aeth yn hynod o hwylus.

Erbyn inni gyrraedd Asunción roedd yn nosi a ninnau mewn gorsaf fysiau anferthol a hynod swnllyd. Doedd dim amdani ond cael tacsi i westy y cefais ei enw gan Brian Williams a gobeithio fod y gyrrwr yn weddol onest gan y gallai ein twyllo'n rhwydd a ninnau heb unrhyw wybodaeth o'r ddinas. Credaf iddo fynd â ni ar daith hirach na'r rhaid ond o'r diwedd dyma gyrraedd y lle a chael bod ganddyn nhw ystafell. Hen westy diddorol oedd hwn, wedi bod yn grand iawn ar un amser ac yn rhyw ddechrau ailfywiogi fel bod rhan ohono yn cael ei beintio ar y pryd.

Doeddwn i ddim wedi hoffi tref Fos ond fe syrthiais mewn cariad yn syth efo Asunción. Roedd hi mor amlwg yn brifddinas gyda'i hadeiladau mawr urddasol colonaidd a'i pharciau agored yn llawn coed ag iddyn nhw flodau ysgafn pinc. Yn y pnawn dyma fynd i'r parc mawr ar gwr y dref, nid parc blodau ond un yn llawn o goed o bob math gan gynnwys llawer o goed orennau fel bod yr arogl yn llenwi'r lle. Cofiaf fod ar fy nghwrcwd yn y fan honno am oesoedd yn gwylio morgrug anferth yn gwneud nyth newydd ac yn mudo yno o'r hen un gan gario dail a brigau. Roedden nhw wedi gwneud y daith gymaint o weithiau nes ffurfio llwybr drwy'r gwellt. Teithio'n ôl wedyn i'r dref ar y bws wedi blino'n lân ac yn bryderus braidd gan inni fod yn holi ynghylch y bws i Resistencia drannoeth a chael ei fod yn cychwyn am chwech o'r gloch y bore. Yn amlwg, gwely cynnar oedd piau hi'r noson honno.

Drannoeth dyma godi am bump a chael tacsi i'r orsaf. Ar ôl holi yn fy Sbaeneg carbwl dyma gael fod y bws yn gadael o fae rhif 7, a wir dyna lle'r oedd bws mawr braf yn disgwyl. Ond nid i Resistencia yr oedd hwn yn mynd. Fe aeth hwn ar yr awr a dyma ninnau'n disgwyl gweld un arall yn cymryd ei le, ond disgwyl fuon ni. Meddwl wedyn i ni gamddeall ac mai hwnnw oedd ein bws ni. Aros eto sbel ac yn y diwedd mynd i holi eto. A holi, a holi heb fod dim nes i'r lan. Y fi'n gofyn oedd y bws am Resistencia'n hwyr a hwythau'n holi os mai isio bws yr hwyr i Resistencia oeddwn i a finnau'n methu gwybod sut i ddod allan o'r twll fel petai! Yn y diwedd dangos fy wats a nhwtha'n gwneud yr un peth, a gweld fy mod i awr ar y blaen! Doedden ni ddim wedi sylweddoli fod awr o wahaniaeth rhwng amser Paraguay ac Ariannin a'n bod wedi cyrraedd yr orsaf erbyn pump. Ar ôl fflamio a chwerthin

Cwm Hyfryd

Uwchben Bariloche

Afon iâ Perito Morens

Ushuaia

doedd dim amdani ond diolch i'r drefn mai awr ar y blaen oedden ni.

Ond yn y diwedd fe ddaeth y bws iawn a chawsom daith ddigon hwylus yn ôl i Ariannin er nad oedd y wlad mor ddiddorol y tro 'hwn. Trwy dir gwlyb, corsiog yr oedden ni'n teithio gan fwyaf a'r hyn oedd yn tynnu ein sylw oedd yr adar dieithr, adar y tiroedd gwlyb. Pob tro y croesem ffin talaith rhaid oedd disgyn a dangos pasport ond pan ddaethom at y ffin ag Ariannin bu dipyn mwy o ffwdan gyda'r cŵn yn archwilio'r bagiau am gyffuriau. Bu'n rhaid i Marilyn a minnau fynd i mewn i ryw sied a chawsom ein holi'n ddigon caled cyn cael y stamp ar y pasport. Gan mai ni oedd yr unig rai ar y bws â phasport Prydeinig, er nad y ni oedd yr unig dramorwyr, credaf hyd 'heddiw mai olion y drwgdeimlad adeg rhyfel y Malvinas oedd hyn. Fodd bynnag, wedi hynny cawsom daith ddidramgwydd iawn ond blinedig ac ar ôl cyrraedd Resistencia cawsom westy yn rhwydd gan ddilyn eto gyfeiriad a gafwyd gan Brian Williams.

Dau beth sy'n aros ar y cof am y dre fach hon, nad oes iddi ddim gwir hynodrwydd, yw'r coed yn y parc a'r pryd gyda'r nos. Mae'r parc bach yng nghanol y dre yn llawn coed meddw os mai dyna'r Gymraeg am *palo borracho*. Wn i ar y ddaear beth yw eu 'henw botanegol ond maen nhw'n bethau hynod iawn gyda'u boliau tew. Rwy'n credu imi glywed rhai'n eu galw'n goed potel a wir felly yn union yr edrychant, fel poteli meddw'n gogwyddo i'r ochr. Am y swper, nid cynnwys hwn oedd yn gofiadwy ond yr amgylchiadau. Roedden ni'n dwy fel arfer ar lwgu erbyn tua wyth o'r gloch ond er crwydro'r dre yn chwilio doedd unman ar agor tan wedi naw gan mai bwytawyr hwyr iawn yw'r Archentwyr. Ond o leiaf wrth grwydro cawsom gyfle i gymharu'r lleoedd bwyta a phenderfynu ar un gyferbyn â'r gwesty. Does dim rhaid dweud mai ni oedd y cyntaf yno a chwarae teg i'r dyn oedd yn gweini arnom ni bu'n hynod o amyneddgar a charedig hefyd gan ofalu amdanom ni hyd yn oed ar ôl i'r lle lenwi. A llenwi wnaeth o'n sydyn iawn a hynny at yr ymylon. Doedden ni ddim wedi sylweddoli fod pawb yma yn mynd allan i gael swper ar nos Sadwrn ond yn fuan iawn roedd yr ystafell yn llawn o deuluoedd cyfain yn blant bach a babanod hefyd a phawb mewn 'hwyliau ardderchog. Chlywais i ddim un plentyn yn swnian na babi yn crio er ei bod wedi un ar ddeg o'r gloch arnom yn gadael y lle. Ar ôl teithio dipyn bellach i wahanol wledydd rhaid cyfaddef mai plant Cymru a Phrydain yw'r rhai mwyaf cwynfanllyd!

Ond wedi hwyl nos Sadwrn fe ddaeth bore Sul a'n diwrnod olaf o grwydro. Cael bws yn y bore i Corientes, chwaer-dref Resistencia, yr ochr arall i Afon Paraná, a chroesi pont eithriadol o hir i gyrraedd yno. Tref lan môr ond ei bod ar lan afon yw hon efo rhodfa hir a gerddi a seti. Roedd hi'n ddiwrnod 'hafaidd ac unwaith eto roedd teuluoedd cyfain allan yn mwynhau. Ac yn ogystal â'r teuluoedd roedd yma grwpiau o bobl ifanc, rhai ar gefn beic, yn dyrrau o gwmpas y seti. Ond doedd yma ddim o'r gweiddi a'r cadw reiat a geir mor aml yma pan geir criw fel hyn yn ymgasglu, ac er ein bod yn amlwg yn ddieithr doedd neb yn cymryd sylw ohonom ni nac yn tarfu dim arnom ni. Cariai'r teuluoedd a'r bobl ifanc ffiasg o ddŵr poeth, *mate* a *yerba* efo nhw ac eistedd yno yn yfed yn yr haul, ac i ni roedd hyn yn beth hynod iawn.

Ac yma ar y rhodfa yn Corientes y gwelais i fy *jejenes* cyntaf, pe'hau a fyddai'n fwrn arna i am fisoedd wedyn yn Gaiman. Efallai y byddai dweud imi *deimlo* fy *jejenes* cyntaf yn fwy cywir gan eu bod bron yn rhy fychan i chi allu eu gweld nhw. Dydyn nhw fawr mwy na smotiau bach duon ond mae eu hôl yn cosi am ddyddiau a chan nad ydyn nhw'n gwneud sŵn does dim modd gwybod eu bod yno. Ond lwyddodd y *jejenes* ddim i amharu ar naws y pnawn Sul braf hwnnw yn Corientes.

Roedden ni wedi dod i Resistencia am y rheswm syml fod yno faes awyr a bod modd hedfan oddi yno i Buenos Aires a dyna wnaethon ni ar y nos Sul yma. A chael treulio tridiau yno yn aros efo Vali a Jorge cyn i Marilyn orfod mynd yn ôl i Gymru. Roedden nhw'n rhyw boeni y byddwn i'n teimlo'n chwithig iawn wrth ei danfon i'r maes awyr a'i gweld yn diflannu am Gymru ac yn ofni y byddai arna i awydd mynd efo hi, ond cwbl groes i hynny oedd fy nheimladau i! Allwn i ond cydymdeimlo efo hi yn gorfod gadael ar ôl cyfnod mor fyr a gweld fy hun yn ffodus iawn yn gallu aros am bron i flwyddyn eto. Treuliais y noson honno yng nghartref Alwina Thomas. Ei fflat hi oedd y cyntaf i mi ymweld ag o yn Ariannin fel mae'n digwydd, a hyd heddiw cofiaf fy nryswch ar yr ymweliad hwnnw pan ofynnodd hi wrth imi gyrraedd, 'Ydych chi wedi dod â'ch mashin efo chi?' A finnau'n ymbalfalu yn fy meddwl drwy restr o'r peiriannau y gellid disgwyl imi fod wedi eu cludo yno'r holl ffordd o Gymru cyn deall mai *camera* oedd y mashin dan sylw. Cawswn groeso yn eu cartref ar bob ymweliad ers hynny gan Alwina ac Elwy, dau a wnaeth gymaint dros y rhai sy'n mynd draw o Gymru, a rŵan dyma Alwina ei hun yn cynnal y traddodiad ar ôl marw ei gŵr.

Mae croesawu ymwelwyr yn rhywbeth sy'n naturiol i Gymry Buenos Aires. Wedi'r cyfan yno y byddwn i gyd yn glanio a chan nad ydym fel rheol yn medru siarad Sbaeneg mae'r glanio hwnnw'n gallu bod yn brofiad digon pryderus. Yr hyn nad ydym yn ei sylweddoli'n aml yw fod y maes awyr rhyngwladol yn bell iawn o'r ddinas ac nad oes gan y rhan fwyaf o'r rhai sy'n dod i'n cyfarfod gar. A hyd yn oed pan fo car mae yn waith costus iawn, ond nid rhai i gyfri'r gost ydi'r bobl yma. Bu i rai fel Alwina ac Elwy, Vali a Jorge ac eraill o'r un genhedlaeth gydio yn y gwaith wrth i genhedlaeth hŷn ein gadael ac mae hi'n braf gweld to iau wrthi hi'r dyddiau hyn yn rhoi'r un help i'r Cymry sy'n mynd draw. Ac er fy mod i bellach yn gyfarwydd â theithio o'r brifddinas i Drelew roeddwn i'n ddigon balch pan fynnodd Alwina fy nanfon ar fy nhaith y tro hwn eto.

# I'r De

Rai blynyddoedd yn ôl cefais fynd gyda ffrind o'r enw Vida Roberts i Hong Kong i aros gyda'i chwaer a chael saith wythnos o wyliau bythgofiadwy. A rŵan gan fod gen i dŷ dyma gyfle i ad-dalu'r gymwynas a gwahodd Vida i aros gyda mi.

Roedd gen i dri mis o wyliau yn yr haf a chan ei bod hi wedi ymddeol gallai Vida ddod draw ym mis Ionawr a rhoddai hyn gyfle i ni'n dwy gael crwydro tua de Ariannin. Bu'n fwriad gen i ers tro fynd i Tierra del Fuego, Tir y Tân, y pegwn mwyaf deheuol ar gyfandir De America a phan soniais wrth Mary Vaughan Jones fu eisoes yn Ariannin ddwywaith codais awydd arni hithau i fynd am y trydydd tro a dod efo Vida a minnau ar ein taith. Bu trefnu mawr ar gyfer hyn a llwyddodd y ddwy i ddod allan gyda'i gilydd. Gwnawn innau'r trefniadau yn lleol gan nad oeddwn am fentro mynd ar hap fel y gwnaeth Marilyn a minnau. Rywsut fe lwyddwyd i gael taith hwylus fyddai'n cynnwys Ushuaia a Perito Moreno, yr afon iâ anferth yn Nhalaith Santa Cruz.

Er ei bod ar y pryd yn ganol haf poeth iawn yn Nhrelew gwyddem y byddai'n oerach o lawer yn y de felly dyma gychwyn un bore yn ein dillad gaeaf fwy neu lai a mynd yn yr awyren cyn belled â Rio Gallegos. Yma roedd bws braf iawn a merch ifanc o arweinydd yn aros amdanom i fynd â ni i dref Calafate, taith o bedair awr. Roedd y wlad rhwng Rio Gallegos a Calafate'n ddiddorol iawn, yn amrywiol ei lliwiau a'i ffurfiau ac yn llawn bywyd gwyllt oedd yn ddiddorol i ni oherwydd ei ddieithrwch. Gwelsom estrys a *flamingoes* a *guancos* ar y ffordd ac o'n blaenau o hyd roedd mynyddoedd uchel yr Andes, a'r mwyaf nodedig ohonyn nhw efallai oedd Mynydd Fitzroy. Rwy'n cofio edrych ar draws tir gwastad tua'r mynyddoedd a gweld dinas yn y tes, dinas na allwn ei gweld ar fap, a sylweddoli mai *mirage* oedd hi a chadarnhawyd hyn gan ddau oedd yn eistedd yr ochr draw i'r llwybr, cwpl o Tel Aviv oedd wedi dod i Dde America i ddathlu deugain mlynedd o briodas.

Cawsom westy da yn Calafate ac er nad oedd yn gynnes iawn roedd y tywydd yn glir a heulog, a bore trannoeth dyma fynd ar y bws am Lago Argentino a'r afon iâ enwog. Ar y daith gwelsom lawer o adar prae yn cynnwys eryrod a rhaid oedd aros o hyd i dynnu lluniau. Ond yr uchafbwynt oedd Perito Moreno ei hun a Lago Argentino wrth ei draed. Roeddwn i wedi bod yn Norwy a'r Swistir ac wedi gweld afonydd iâ eisoes ond welais i ddim byd tebyg i hwn. Roedd ei faint yn aruthrol i ddechrau a'i liw glas clir a'i gannoedd hafnau dyfnion yn bethau na ellir eu disgrifio. Bob hyn a hyn deuai sŵn fel saethu gwn o grombil y rhew a gellid gweld darn bach ohono'n disgyn i'r dŵr gan godi ewyn fel cwmwl. Deuai'r sŵn o bell, bell i ffwrdd a digwyddai'r cyfan fel rhywbeth mewn breuddwyd. Buom yno ar y lan am ddwyawr ac er bod y gwynt yn ddeifiol o fain roedd yn werth pob munud o rewi i gael gweld y fath ryfeddod. Pob hyn a hyn o flynyddoedd, pan fo'r rhew yn cau ceg Llyn Argentino a dyfroedd hwnnw wedi cronni y tu cefn i'r afon iâ, mae rhyw ffrwydriad anferthol yn digwydd ac mae cannoedd yn tyrru yno i'w weld, ond mi fodlona i ar fod wedi cael yr hyn a gefais i'r diwrnod hwnnw.

Diwrnod o ddiogi gafwyd drannoeth wedi'r holl deithio a chofiaf inni dreulio'r bore yn gorwedd ar y tywod a'r gwellt bras ar lan math o lyn bas ar gwr y dref yn gwylio'r adar yno. Wrth gwrs roedd gennym ni naturiaethwr gyda ni oedd yn fantais fawr, er nad oedd hithau'n gyfarwydd â holl adar De America. Ac yn y pnawn buom yn crwydro'r dre fach hon sy'n ddigon dymunol a heb fod yn rhy dwristaidd. Does iddi fawr mwy nag un stryd hir ond mae ynddi dipyn o siopau bach diddorol a digon o leoedd bwyta da a rhesymol.

Roedd bore drannoeth ymhell o fod yn hamddenol gan inni orfod cychwyn toc wedi pump i ddal yr awyren o Rio Gallegos am Ushuaia. A'r tro yma wrth deithio ar y bws ar draws gwlad y peth cofiadwy oedd gweld y wawr yn torri dros y tir dieithr hwn. Ac yna'r daith awyren! Cefais sêt wrth y ffenestr a chael gweld y cyfan. Bron nad oedd hyn yn gam-gymeriad gan ein bod yn hedfan yn arswydus o isel dros fynyddoedd oedd yn arswydus o uchel fel bod arna i ofn ein gweld yn uno â nhw. Y wefr oedd hedfan dros Gulfor Magellan a Chamlas Beagle, y dyfroedd hynny yr oeddwn wedi clywed eu henwau mewn gwersi daearyddiaeth flynydd-oedd yn ôl heb erioed ddychmygu y byddwn yn eu gweld, a'u henwau yn ein hatgoffa o'r anturiaethwyr cynnar hynny a deithiodd i'r ardal hon. Ac yna dyma lanio mewn rhyw esgus o faes awyr oedd yn ofnadwy o agos at y dŵr!

Roedd hi'n anodd credu fy mod i o'r diwedd wedi cyrraedd y dref fwyaf deheuol yn y byd a'n bod ar begwn eithaf y cyfandir anferth hwn. Rhaid bod gan y cenhadon cynnar hynny ddaeth yma i fyw yn y ganrif ddiwethaf sêl neilltuol iawn i fentro ymsefydlu mewn tiroedd mor gwbl ddieithr. Daeth yr Esgob Stirling yma am chwe mis yn 1869, y dyn gwyn cyntaf erioed i fyw yn Tierra del Fuego, ond Thomas Bridges, a ymsefydlodd yma gyda'i wraig a'i ferch fach yn 1871, yw tad y tir hwn. Sefydlodd dŷ cenhadol Anglicanaidd yma ac ymhen dwy flynedd daeth John a Clara Lawrence atynt. Rhyngddynt bu ganddynt un ar ddeg o blant a siaradai'r cyfan bedair iaith, dwy iaith frodorol, Sbaeneg a Saesneg. Cyfieithodd Bridges rannau o'r Beibl i'r iaith Yahgan a gofalodd fod y brodorion yn cael eu gwarchod a'u hiaith ei chadw. Ond wrth gwrs mae Tierra del Fuego, oherwydd ei fod yn agos at Begwn y De, yn lle o werth strategol ac o'r herwydd daeth mwy a mwy o ddynion gwyn i'r ardal gan ddisodli'r brodorion ac erbyn hyn dywedir nad oes yr un brodor ar ôl yn Nhiroedd y Tân.

Mae i'r enw fwy nag un dehongliad ond y mwyaf tebygol

yw hwnnw a ddywed i'r dynion gwyn, wrth nesu at y tir hwn, weld pinnau bach o oleuni ar y llethrau uwchben y dŵr ac i'r rheini eu harwain yn ddiogel i dir. Wedi glanio gwelsant mai tanau'r Indiaid oedd y rhain, tanau a gynheuwyd er mwyn eu cadw'n gynnes yn y tywydd garw a geir yma bron gydol y flwyddyn. Diolch i ni ddod yn yr haf ac nad oedd gofyn i ni, fel yr hen frodorion, gysgu dan y sêr!

Cawsom westy ardderchog yma ar ochr y bryn uwchben y dref gyda golygfa o'r môr a'r mynyddoedd enfawr oedd yn rhannu Ariannin a Chile, a Mynydd Olivia yn ben ar y cyfan. Mae tref Ushuaia fel petai wedi ei chodi ar fryniau bach uwchben y dŵr gydag un brif stryd drwy ei chanol a nifer o ffyrdd bach yn cysylltu honno â'r harbwr. Adeiladau o bren yw llawer o'r tai a'r siopau ar lan y dŵr a'r tai ar y bryniau y tu cefn i'r dref. Roedd amryw byd ohonyn nhw wedi eu gosod ar bolion mawr praff a hynny am eu bod wedi eu codi heb ganiatâd ar dir nad oedd yn eiddo i'r rhai oedd yn byw ynddyn nhw. Felly pe deuai gorchymyn i symud oddi yno gallent godi eu tai a'u cludo i rywle arall. Mae'r dref yn llawn siopau bach a llawer ohonyn nhw'n gwerthu offer trydan gan fod y porthladd yn un rhydd ac o'r herwydd mae nwyddau o'r fath yn llawer rhatach yma nag yn Ariannin. Un nodwedd amlwg yw pris uchel bwyd a hynny oherwydd na ellir tyfu fawr ddim yma a bod yn rhaid cludo'r cyfan mewn awyrennau.

Wrth fynd i'r gwely'r noson honno roeddem yn gweddïo am dywydd braf drannoeth ond ein siomi gawsom ni o weld bore niwlog diflas a digon oer. Roedd taith wedi ei threfnu mewn *catamaran* ar y Beagle ac er y tywydd diflas roedd hon yn daith hynod o ddiddorol, yn enwedig i bobl adar! Mae'n siŵr inni weld miloedd ohonyn nhw yn filidowcar a dau fath o albatros a phob math arall o aderyn y môr. Ac ar yr holl ynysoedd bach roedd morloi o wahanol fathau i'w gweld yn blastar o lwyd a du. Yn ffodus erbyn inni droi am y lan cliriodd yr awyr a chawsom weld ychydig ymhellach na'n trwynau, gweld y tiroedd ar y lan a'r *estancia* enfawr oedd yn perthyn i deulu Harberton, un o'r rhai cyntaf i fod yn berchen *estancia* yn y wlad anial hon, a honno'n datblygu i fod yn gymuned ar wahân fel y mae'r *estancias* mawr yn Ariannin.

Erbyn y pnawn roedd hi'n haul braf a'r tywydd, mae'n siŵr, mor boeth ag y gallai fod yma mor agos at Begwn y De. Ac roedd gennym ninnau daith arall, i Lapataia yn y Parc Cenedlaethol y tro hwn. Mae ambell bnawn y byddai'n amhosibl cyfleu ei naws ac un o'r rheini oedd hwn. Dim ond grŵp o chwech oedden ni yn mynd mewn bws bach gyda merch o'r enw Beatriz yn arweinydd, athrawes Saesneg yn gweithio yn ystod y gwyliau. Os oedd ei gwybodaeth hi o lenyddiaeth Saesneg mor eang â'i gwybodaeth hi o fyd natur gwyn fyd y plant. Hyd y gallwn weld doedd dim un cwestiwn na allai hon ei ateb a gofynnwyd llawer iddi gellwch fentro efo Mary Vaughan Jones yn y criw!

Roedd y bws bach yn aros yn aml iawn ar y daith ac mae'n sicr inni weld pob mathau o bethau gwahanol ond mae ambell beth yn sefyll ar y cof. Y cyntaf yw'r afanc welson ni ar yr afon yn brysur yn codi ei dŷ. Buom yn ei wylio am hydoedd yn cario brigau coed ar draws yr afon ac yn ei weld yn beth bach annwyl a diddorol. Roedd clywed mai fel pla yr ystyrid o yn dipyn o siom. Ond mae hwn yn gallu dinistrio tiroedd helaeth mewn byr amser drwy dorri coed, codi argaeau ar afonydd a newid ansawdd a chymeriad y tir yn y fath fodd nes ei fod yn mynd yn ddiwerth. Symud ymlaen wedyn i ganol y coed ffawydd sy'n tyfu yma o lan y dŵr bron i gopa'r mynyddoedd. Roedd gwahanol fathau o ffwng yn tyfu ar y rhain gan gynnwys Bara'r Indiaid, ffwng a gesglid gan y brodorion er mwyn ei gadw at ei fwyta yn y gaeaf pan oedd bwyd yn brin. Sefyll wedyn ar derfyn eithaf y *Pan American Highway* a sylweddoli gydag arswyd inni gyrraedd pen pellaf ffordd fwyaf deheuol y byd. Does yna ryw bleser rhyfedd mewn ei'hafion? Ac ar y ffordd yn ôl cawsom brofiad di-ddorol arall, dod wyneb yn wyneb â llwynog coch. Stopiodd y bws unwaith eto a phawb bron ofn anadlu rhag ei ddychryn ond dal i sefyll yno a wnâi. Dyma fentro disgyn a'r hen lwynog yn dal ei dir. A phan oedd pawb yn tynnu ei lun wnaeth o ddim llawer o sylw o'r camera; dim ond edrych arnom ni yn union fel yr oeddem ni'n edrych arno fo, cystal â dweud iddo yntau weld pethau diddorol ar ei daith y pnawn hwnnw. Efallai yma nad oedd anifeiliaid wedi dysgu mai pethau peryglus yw dynion.

Ar wahân i'r uchafbwyntiau yr hyn sy'n aros o'r pnawn yw'r cof am dawelwch dwfn iawn a'r teimlad o fod ar dir dieithr nad oedd eto yn rhan o'r byd modern. Cofio'r haul ar ein cefnau wrth inni ddringo llethr i weld olion tai'r brodorion a chofio'r tywyllwch ar lan llyn wrth inni gerdded drwy'r coed tua'r caban pren o gaffi oedd yn ddigon chwaethus i beidio tarfu ar y lle. A chofio'r ferch ifanc gwallt golau a'i gwybodaeth a'i brwdfrydedd nad oedd i weld yn blino ar deithwyr a'u cwestiynau diddiwedd.

Gan inni gael dwy daith mewn un diwrnod, yr hyn oedd yn drefnu sâl iawn ar ran y cwmni teithio yn ein barn ni, roedd drannoeth yn rhydd. Roeddem wedi mynd o'r dref i'r gwesty mewn tacsi un noson ac wedi cael sgwrs efo'r gyrrwr a'i gael yn fachgen dymunol iawn. Rhoesai ei gerdyn inni a dyma ei ffonio i weld a fyddai o'n fodlon mynd â ni i rywle drannoeth. A dyna ni am ddeg o'r gloch yn cychwyn tua'r gogledd i gyfeiriad dau lyn mawr yr oeddem wedi eu gweld o'r awyren, llynnoedd Escondido a Fagnano. Roedd y tywydd yn ddigon braf i ddechrau a'r gyrrwr yn adnabod ei ardal er mai un o'r gogledd oedd o, wedi dianc rhag y bywyd prysur fel yr oedd Beatriz, ein harweinydd yn Lapataia. Aem i gyfeiriad Mynydd Olivia a'r Cinco Hermanos ac wrth inni ddringo gwaethygu wnâi'r tywydd a throi yn ddiwrnod o law smwc. Ond yn ffodus doedd hi ddim yn bwrw'n ddigon trwm i guddio'r golygfeydd gawsom ni o bennau'r mynyddoedd. Ac roedd y tir o'n cwmpas hefyd yn ddiddorol gyda llawer iawn o gorsydd ac aceri lawer o olion hen goed wedi cael eu llosgi, efallai gan y carcharorion o garchar mawr Ushuaia. Gan mai fi oedd yr unig un efo unrhyw grap ar Sbaeneg fi oedd yn gorfod eistedd wrth ochr y gyrrwr a dal pen rheswm efo fo, a chreda i yn fy myw nad dyna un o ddyddiau mwyaf blinedig fy mywyd. Yn sicr roeddwn i'n falch iawn o weld y gwesty unwaith eto. Ond doedd y diwrnod ddim ar ben oherwydd yn rhyfedd iawn am bump o'r gloch cawsom daith swyddogol o gwmpas Ushuaia a ninnau bellach wedi hen adnabod y lle! Mae angen tipyn o gyngor ar y Bwrdd Twristiaeth yno, greda i. Ond cawsom weld yr amgueddfa yno sy'n un ddiddorol iawn a chael prynu stamp yn tystio i ni fod ym mhen draw'r byd.

Drannoeth, wedi siopa ychydig yn y bore a chael cinio yn y gwesty, roedd yn rhaid mynd yn ôl i wres y Wladfa ac erbyn hynny roeddwn yn dechrau dyheu amdano ac yn sylweddoli na allwn i byth fyw yno yn Tierra del Fuego lle nad yw hi byth yn haf iawn. A phan aethon ni i'r maes awyr roedd hi'n ddifrifol o oer ac mor wyntog nes bod yr awyren bron awr yn hwyr yn cychwyn. Ond cawsom daith ddidramgwydd a chael cip ar Ynysoedd y Malvinas wrth fynd tua'r gogledd a rhyfeddu i le mor ddiffaith greu y fath helynt. Ac yno ym maes awyr Trelew roedd Luned yn ein disgwyl i fynd â ni yn ôl i Gaiman ac yn llawn diddordeb yn y daith. Ac am ddyddiau wedyn dyna oedd testun sgwrs pawb gan i ni, a ninnau'n ddieithr i'r wlad, lwyddo i fynd i le na châi'r rhan fwyaf ohonyn nhw fyth siawns i'w weld.

# Tua'r Andes

Ar ôl y daith i'r de roedd y traed yn dal i gosi a'r Andes yn galw unwaith eto. A chan mai dyma ymweliad cyntaf Vida roedd yn rhaid mynd draw i Esquel. Gan nad oedd car yn mynd doedd dim amdani ond mentro ar y bws. Roedd gen i atgofion cymysg iawn am daith o'r fath bedair blynedd union ynghynt pan deithiais fy hun ar y bws dydd o Gaiman ganol haf a chael taith ddiddorol iawn ond hynod o flinedig gan inni gymryd deuddeg awr i gyrraedd Esquel. Cofiaf imi fynd ar y bws yn y bore a theimlo'n ddigon dieithr gan na welwn i neb o bryd golau ymhlith y teithwyr. Arhosai'r bws hwn ym mhob man posibl a galwai'r gyrrwr 'cinco minutos' bob tro, ond yn ddi-ffael fe drôi'r pum munud yn chwarter awr. Y bws oedd yn cario'r post ac amryfal negeseuon ac o'r herwydd deuai dynion ar draws y paith ar gefnau eu ceffylau i'n cyfarfod a gwelem fath arall ar fyw. Ond bellach roedd bws newydd yn rhedeg deirgwaith yr wythnos, y *Mar y Valle*, neu'r Môr a Dyffryn ac ar hwn yr aethom y tro hwn gan gychwyn o Gaiman tua hanner awr wedi wyth y bore a chyrraedd toc wedi pedwar. Taith lawer mwy hwylus ond gan nad oedd y bws yn aros ond unwaith collwn y profiad o weld bywyd y paith.

Yng nghartref Aira ac Elgar yr oeddem yn aros unwaith eto a chael yr un croeso hael a chyfle i Vida adnabod Esquel. Ond ymhen diwrnod wele ni ar fws arall, un yn mynd i Bariloche y tro hwn. Ers y tro cyntaf imi fynd i'r Wladfa roedd pawb yn gofyn oeddwn i wedi adnabod Bariloche ac yn rhyfeddu nad oeddwn eto wedi bod yno. I bobl y Dyffryn dyma'r lle delfrydol am wyliau ac âi llawer yno ar eu mis mêl. Gwelais luniau'r lle a chlywais lawer amdano a rhywsut gwyddwn ym mêr fy esgyrn nad dyma fy math i o le. Ond roedd gennym ni amser i grwydro a gwell fyth roedd ar y ffordd i Chile, felly dyma ei chychwyn hi ben bore a dal bws salach o lawer na bws y Dyffryn. Ond os oedd y bws yn ddigon disylw nid felly'r wlad. Aem drwy fynyddoedd a chymoedd anial iawn ar adegau gyda dim ond ambell dref fach yma ac acw. Arhosai'r bws yn aml a hynny am gyfnodau eitha hir a chaem ddigon o gyfle i gael paned o goffi os oedd angen. Roeddwn i'n gyfarwydd â'r straeon am gysylltiad Butch Cassidy a'r Sundance Kid â'r Wladfa ac wedi clywed iddyn nhw fod yn byw mewn bwthyn yn ardal Cholila felly roeddwn i wrth fy modd pan droes y bws oddi ar y briffordd a mynd i mewn i'r dyffryn hir a chul hwn. Aethom oddi yno ar hyd y ffordd âi yr ochr arall i'r llyn ac yn ein blaenau am El Bolsón lle cawsom saib digon hir i ni gael crwydro'r lle. Clywswn lawer am y dref gan iddi fod ar un adeg yn gyrchfan hipis a chan ei bod hefyd yng nghanol dyffryn ffrwythlon iawn. Ar ôl gadael y dref dringem fynyddoedd uchel iawn gan aros fwy neu lai ar y copa mewn caffi yn un o'r gerddi llawnaf o flodau a welswn ers tro. Oddi yno wedyn mynd ar i waered am y llynnoedd a dilyn glannau Llyn Mascardi nes dod at San Carlos de Bariloche a rhoi i'r dref ei henw llawn.

Bellach roedd hi'n hanner awr wedi chwech a ninnau wedi bod yn teithio am ddeng awr a hanner felly yr unig angen oedd lle i aros a phryd o fwyd. Gan fod Bariloche'n lle twristaidd roedd yma swyddfa ymwelwyr a buan y cawsom restr o gyfeiriadau. Dringo'r allt yn cario ein bagiau a hithau'n boeth a galw yn y lle cyntaf i ni ei weld a chael fod ffawd o'n plaid. Fe awn yn ôl yn llawen i westy'r Pastorella, gwesty bychan glân fel y pin gydag ystafell i ddwy ag ystafell ymolchi a brecwast yn costio £8 yr un ac ar ben hynny yn cael ei redeg gan gwpwl clên iawn oedd yn barod iawn i ateb ein cwestiynau. Hwy awgrymodd le i ni gael pryd o fwyd a dyna rywbeth yr oeddem erbyn hyn yn fwy na pharod amdano. Ac ar ôl bwyta cael amser fin nos i grwydro'r dre. Ac oeddwn, roeddwn i'n iawn, nid dyma'r math o le sy'n apelio ataf i. Rhyw efelychu lle yn y Swisdir neu Awstria oedd o yn fy marn i ac wedi ei anelu'n llwyr at yr ymwelwyr. Roedd y siopau'n llawn nwyddau o bob math a golwg eitha llewyrchus ar y lle, yn llawer mwy felly na threfi Chubut (roeddem bellach yn nhalaith Río Negro) ac roedd yma adeiladau newydd deniadol iawn, ond i mi roedd rhywbeth ffug yn y lle. Ond wedi dweud hynny roedd mewn man perffaith, ar lan llyn mawr Nahuel Huapi ac wrth draed mynyddoedd yr Andes a gallaf yn hawdd ddeall ei apêl i bobl y Dyffryn.

Drannoeth a hithau'n ddydd Sadwrn buom yn crwydro o un swyddfa deithio i'r llall yn chwilio am ffordd i fynd i Chile ddydd Sul. Roedd pob bws yn llawn ond gan fod mwy nag un cwmni'n teithio yno rhaid oedd mynd i bob swyddfa rhag ofn. Ac yna a ninnau ar fin rhoi'r ffidil yn y to dyma feddwl tybed oedd modd hedfan yno. Ailddechrau ar yr holi a chael fod yr awyren hefyd yn llawn ond bod siawns y byddai awyren ychwanegol os oedd digon o alw. Rhaid oedd aros felly tan ddiwedd y pnawn i gael ateb ac erbyn hynny roedd ein traed yn brifo a ninnau wedi cael adnabod pob modfedd o'r dre. Ond cawsom y tocyn awyren a bellach gallem fwynhau gweddill y diwrnod. Mae gan fy ffrind Alwina Thomas o Buenos Aires ferch yn byw y tu allan i Bariloche a chan fy mod yn ei adnabod roedd arna i awydd ei gweld. Roedd y cyfeiriad gen i felly dyma ddal y bws oedd yn mynd ar hyd y llyn a llwyddo rywfodd i ddisgyn yn y lle iawn. A dyna braf oedd cael fod y teulu i gyd adref a chael cyfarfod y babi newydd ac ailadnabod y plant eraill, Eugenio a Denise.

Bu'r dydd Sadwrn yn ddigon oer, gwyntog a chymylog ond roedd dydd Sul yn ddiwrnod o haul braf a chan nad oedd yr awyren yn cychwyn tan y pnawn dyma benderfynu cymryd y bws i waelod y mynydd ar gwr y dref a chael y *cable car* i fyny Cerro Otto. Rydw i bob amser wrth fy modd yn mynd i ben mynydd ond i mi beidio gorfod ei gerdded a fydd arna i byth ofn hongian yn yr awyr wrth weiran, yn enwedig os ydi'r golygfeydd mor eithriadol â'r rhain. Gwelem fynydd ar ben mynydd a'r cyfan yn drwch o eira yn disgleirio yn yr haul, ac oddi tanom y llyn enfawr glas tywyll. Roedd yno le bwyta oedd yn troi ar ei golyn ac yno cawsom ginio cyn dod i lawr ar dipyn o frys er mwyn mynd yn ôl i'r gwesty i hel ein paciau i fynd am y bws oedd i fynd â ni i'r maes awyr.

Mor wir yw'r dywediad mai cynt y cyferfydd dau ddyn na dau fynydd. Rhyw dridiau cyn i Vida gyrraedd y Wladfa roedd Tom Gravell o Gydweli a rhyw hanner dwsin arall, yn eu mysg y Parch. Eirian Davies, wedi cyrraedd ac yn naturiol cawsom rywfaint o'u cwmni. A phwy welson ni wrth gerdded i mewn i faes awyr Bariloche ond y criw bach a Vali James de Irianni gyda nhw. Roedden nhwtha wedi bod yn Bariloche a bellach ar eu ffordd adre ac yn disgwyl yr awyren am Buenos Aires. A chan fod honno'n hynod o hwyr dyma gyfle felly am sgwrs a phaned cyn cael ein galw at y drysau yn barod at fyrddio'r awyren. A'r golwg olaf gefais i o'r Parchedig Eirian Davies oedd yn gorwedd ar ei hyd ar un o seti'r maes awyr yn cysgu'n sownd!

Hanner awr o daith oedd gennym ni i Puerto Mont yn Chile ond efallai mai dyna hanner awr fwya gwefreiddiol fy mywyd. Hen awyren fach bitw oedd hi â lle arni i ryw ddeg yn unig. Dim ond un sedd oedd bob ochr i'r llwybr felly roedd gan bob un ei ffenestr ei hun. A'r fath olygfeydd gawson ni drwy'r ffenestri hynny. Roeddem yn hedfan mor isel ag oedd modd dros yr Andes ac yn edrych i lawr i weddillion hen fynyddoedd llosg, a'r cyfan yn wyn gan eira. Ac i goroni'r cyfan roedd hi'n ddiwedd dydd a'r haul ar fachlud nes troi'r gwyn yn oren a choch. Wn i ddim faint oedd pris y tocyn hwnnw ond roedd yn werth pob dimai a diolchwn nad oeddem wedi llwyddo i gael lle ar unrhyw fws.

Yn sicr bu'r diwrnod yn un llawn uchelfannau yn llythrennol ac yn ffigurol ond ar ôl cyrraedd Chile dyma gyrraedd y dyfnderoedd. Yn un peth doedd gennym ni ddim dimai o arian y wlad ond doedden ni ddim yn rhagweld unrhyw broblem gan fod pawb yn Ariannin yn derbyn doleri ac roedd y rhain gennym ni. Ond doedden ni ddim wedi sylweddoli fod economi sefydlog Chile yn golygu nad oedd angen doleri yma. Cawsom drafferth i gael lle i aros, trafferth garw a dweud y gwir nes i ni fynd i deimlo'n ddigalon iawn. Roedd hi bellach yn mynd yn hwyr a'r bag yn mynd yn drymach gyda phob cam wrth i ni gerdded o un gwesty i'r llall. Yn y diwedd dyma fynd i'r 'hotel orau yn y lle gan feddwl yn siŵr y byddai lle yno, ond na, roedd 'hon hefyd yn llawn. Ond o leia yma cawsom eglurhad a merch glên i'n helpu. Roedd hi'n ddiwrnod cyntaf wythnos o Ŵyl yn Puerto Mont a phob gwesty yn llawn o'r herwydd, ond fe ffoniodd y ferch garedig i bobman ar ein rhan a chael ystafell i ni mewn motel ar gwr y dre. A dyna ninnau wedi cael lle digon parchus ar ôl dechrau ofni mai cysgu allan ar y stryd fyddai ein 'hanes.

Gwelsom mewn mwy nag un llyfr teithio ei bod yn werth mynd ar daith i Ynys Chiloé a chan nad oedd gennym ni ond diwrnod yn Chile dyma benderfynu dilyn cyfarwyddyd y llyfrau. Cael tacsi ben bore i ddal y bws i'r ynys, nid bws twristiaid ond y bws cyffredin a 'hwnnw'n llawn teuluoedd yn mynd i ymweld â ffrindiau a theulu. Wrth fy ochr i roedd yna fachgen oedd yn amlwg yn mynd ar ei wyliau at ei daid a'i nain neu ryw berthynas arall a chanddo gywion ieir byw mewn bocs sgidiau. Pob tro yr arhosai'r bws fe dynnai'r rhain allan i chwarae efo nhw a chynnig un i minnau, a rhag bod yn anghymdei'thasol derbyniwn innau'r cynnig! Rhyfedd meddwl mai'r un defnydd sydd i hen focs sgidiau ym mhob gwlad. Roedd y bws yn mynd ar y llong er mwyn croesi drosodd i'r ynys ac yna roedd taith hir o ryw deirawr a hanner nes cyrraedd y brif dref. Mae'n syn fel y mae mannau gwahanol yn apelio at wahanol bobl. Gallwn ddeall apêl Bariloche i bobl oedd wedi treulio oes ar dir sych y paith a gallaf ddeall hefyd pam fod Chiloé yn ddeniadol i rai nad oedden 'nhw'n adnabod Ynys Môn, oherwydd i mi roedd tebygrwydd mawr rhwng y ddwy ynys. Yma hefyd mae tir glas yn codi'n fryniau bach bob hyn a hyn a lonydd bach troellog yn dirwyn trwyddo. Ond mae'r dull o ffermio yma'n fwy cyntefig gydag ychen wedi eu h'euo yn troi'r tir yn hytrach na thractor er na allaf brofi na 'cheir y rheini yma 'hefyd. Tai o bren sydd ar yr ynys a'r rheini wedi eu peintio bob lliw. A digon tebyg i'r tai yw'r cychod gwenyn sydd i'w gweld ym mhob man. Mae'n siŵr gen i fod pobl Chile yn hoff o liwiau achos pan welsom eglwys Castro, prif dre'r ynys, gwelsom fod honno hefyd yn hynod liwgar, yn las a rhyw binc-oren. Mae tref Castro yn ddigon deniadol gyda'r tai lliwgar a'r farchnad agored fechan ond ychydig o amser gawsom ni yma, dim ond dwyawr brin cyn gorfod dal y bws yn ôl.

Roedd y daith yn ôl i'r tir mawr yn gynhyrfus iawn. Cawsom ein stopio ar y ffordd a chodwyd merch ifanc oedd yn amlwg yn disgwyl babi unrhyw funud i mewn i'r bws. Dyna lle'r oedd hi'n gorwedd ar y llawr yn griddfan a'r bws yn mynd hynny allai o i gyfeiriad y pentref nesa. Yna arhosodd y bws wrth dŷ oedd yn rhyw fath ar orsaf feddygol a chariwyd y ferch i mewn iddo, er mawr ryddhad i'r gyrrwr rwy'n siŵr. Ond stori ar ei hanner fydd honna i mi am byth a byddaf yn aml yn meddwl beth ddaeth o'r ferch ifanc oedd yn gwbl ddiymgeledd gan na ddaeth neb ar y bws gyda hi.

Wedi hynny didramgwydd iawn fu gweddill ein harosiad yn Chile a thrannoeth dyma ni'n teithio ar fws unwaith eto, y tro hwn ar y daith hir yn ôl dros yr Andes i Ariannin. A thaith fythgofiadwy oedd honno drwy wlad yr oedd ei harddwch yn ddychryn bron. Roedd y bws yn ddigon cysurus ond doedd dim sôn am aros am sbel i gael paned na dim. felly diolch inni fod yn ddigon call i brynu rhywbeth i'w fwyta cyn cychwyn. Hyd y gwn does dim gwaharddiad ar gario bwyd i mewn i Ariannin ond clywais am rai'n mynd drosodd oddi yno i Chile ac yn cael ordors i fwyta popeth cyn cyrraedd y ffin! Rhaid oedd aros sbel wrth y ddwy ffin a sefyllian dipyn cyn cael mynd drosodd ac yna aem ar i waered nes cyrraedd llyn mawr Nahuel Huapi a theithio ar hyd ei lan yn ôl i dre Bariloche.

Erbyn drannoeth roeddem yn teimlo inni gael digon ar deithio ar fws i bara oes ond dyma ni unwaith eto ddechrau'r pnawn yn sefyllian ar y stryd a'n paciau wrth ein traed yn disgwyl am fws i Esquel. Cychwynnodd hanner awr yn hwyr heb unrhyw reswm yn y byd, dim ond mai bws cwmni

Pen y ffordd yn Tierra del Fuego

Rhaeadrau Iguazú

Eglwys Gadeiriol Asunción

*Llun: Marilyn Lewis*

Leandro'n yfed *Mate*

Mercedes oedd o! Ond wedi cychwyn aeth popeth yn iawn nes cyrraedd El Bolsón. Yna roedd gennym ddeng munud i aros, digon i fynd dros y ffordd i'r caffi bach am baned, oherwydd erbyn hyn roedd y llwch wedi codi syched arnom. Gan fy mod i'n ddigon ansicr fy iaith ac yn ofni nad oeddwn wedi deall popeth a ddywedyd dyma holi'r gyrrwr, ac oedd, roedd gennym ni ddeng munud a nac oedd, doedd dim angen symud ein bagiau. Ymhen pum munud dyma alw pawb yn ôl i'r bws a ffarweliwyd â hanner cwpaned o goffi. Rhaid oedd tynnu popeth i lawr a disgwyl am fws arall! Ac wrth gwrs roddwyd dim rheswm dros y newid cynlluniau, dim ond ein sicrhau y byddai'r bws yno chwap. Wel, nid yr un yw chwap cwmni Mercedes â chwap pawb arall ac yno y buom am ryw awr a hanner yn eistedd ar ein bagiau yng nghanol llwch y stryd. O'r diwedd wele ryw hen siandri fudur, flêr yn cyrraedd. Ac ia, hon oedd ein siandri ni! Roedd y seti'n racs ac yn fudur ond roedd ei hinjan mewn cyflwr gwaeth fyth, yn tywallt mwg du i'r awyr. Roeddem wedi gweld ar y daflen yn y swyddfa yn Bariloche fod y bws yma'n mynd heibio'r llynnoedd a chan fod honno'n daith nodedig iawn ac yn un ddieithr i ni'n dwy roeddem yn naturiol wrth ein boddau. Ond disgwyliem gyrraedd y llynnoedd yng ngolau dydd a hynny ar fws parchus os nad newydd. A dyma ni rŵan yn dilyn y llwybr hir a throellog mewn hen racsyn na fyddai wedi cael bod ar y ffordd o gwbl yng Nghymru a hynny a hithau'n nosi. Ac wrth gwrs, erbyn i ni duchan ein ffordd at y llyn cyntaf roedd hi'n llwyd-dywyll a phrin y gwelsom ddim o hynny ymlaen. Ac eto roedd rhywbeth lledrithiol yn y lleuad ar y dyfroedd tywyll hynny. Ond fûm i erioed mor falch o gyrraedd pen y daith er bod Elgar wedi hen flino disgwyl amdanom. Cerdded adref fu raid a hithau wedi hanner nos bellach, ond gwnaeth y croeso a'r swper iawn am y cyfan.

Diolch fod diwrnod yn Esquel cyn cychwyn yn ôl am y Dyffryn. A diolch mai mewn awyren yr oedd y daith honno i fod. Clywswn lawer o sôn am gwmni Lade, cwmni bychan na chredai rhai pobl mwy pryderus (neu fwy gofalus) na'i gilydd mewn teithio gydag o, ond hwn fyddai'r tro cyntaf imi deithio ar un o'i awyrennau. Alla i ddweud dim am y cwmni ond inni gyrraedd yn ddiogel a chael gweld llawer ar y paith o'r awyr gan inni hedfan yn isel. Wir, byddwn wedi mentro ar feic pe gallai hwnnw hedfan gan fy mod erbyn hynny wedi llwyr ddiflasu ar fysiau.

Ymhen rhyw dri chwarter awr ar ôl cychwyn roeddem yn ôl yn Nhrelew a'r holl deithio y tu cefn inni. Ac mae rhywbeth yn braf mewn cyrraedd y cyfarwydd. Ond roedd un peth yn ddigon eironig. Taith fer sydd o faes awyr Trelew i'r dref, ryw ddeng munud mewn car, ond am y tro cyntaf ers i ni gychwyn doedd dim modd dal bws, ac er imi ddweud fy mod wedi hen flino arnyn nhw mi fuasen ni wedi bod yn ddigon balch o weld un y noson honno. Ond gan nad oeddwn wedi trefnu i neb ein cyfarfod doedd dim amdani ond cael tacsi, a gorffen ein crwydro mewn steil. Mi fydda i'n aml yn meddwl tybed pa mor gyffredin yw cael maes awyr heb yr un bws yn ei wasanaethu?

Pe'lach cefais ddigon o amser i edrych yn ôl ar y teithio hwnnw a chyfarfod ag eraill a fu yn yr un mannau, a'r hyn sy'n amlwg yw nad yr un peth sy'n mynd â bryd pawb. Dyna ichi Bariloche er enghraifft. Mi wyddwn cyn mynd na fyddwn i ddim yn gwirioni ar y lle a doeddwn i ddim. Gwn am lawer o bobl sy'n credu fod Chile'n llawer mwy diddorol nag Ariannin, a rhaid imi beidio â barnu gwlad wrth y darn bach ohoni a welais i, ond o'r hyn welais i alla i ddim teimlo'r un fath â nhw. Ond chwrddais i ddim â neb nad oedden nhw wedi mopio'n lân ar Perito Moreno a Tierra del Fuego. Mae aruthredd y naill yn gwneud i ddyn sylweddoli mor rhyfeddol yw'r byd naturiol ac mae'r ffaith fod dyn mor agos at Begwn y De yn Ushuaia ynddo'i hun yn wefr. A phetawn i'n gorfod dewis rhwng Bariloche a Chile ar y naill law a Perito Moreno a Tierra del Fuego ar y llall does dim amheuaeth gen i p'run ddewiswn i.

# Crwydro'n Agos

Pan soniais i gyntaf wrth fy nheulu fy mod i am fynd am flwyddyn i Ariannin dywedodd Nannw, fy nith, yr hoffai hi a'i theulu ddod draw am wyliau. Dim ond rhyw syniad y funud oedd o a fu dim rhagor o sôn am y peth ond cofiaf ofyn iddi beth oedden nhw am ei wneud yno. Yr ateb oedd mynd i weld gwahanol drefi ac roedd 'hi'n ei chael hi'n ddigon anodd credu nad oedd yna fawr o drefi o fewn cyrraedd i ymweld â nhw, ond dyna'r gwir. Wrth gwrs mae modd treulio diwrnod yn Nhrelew, a mwy na diwrnod o ran hynny, yn gweld y ddwy amgueddfa, un y Cymry a'r un archaeolegol newydd, y capel, hen gapel Moreia a'r fynwent ble claddwyd llawer o'r hen Wladfawyr cyntaf, neuadd Dewi Sant a'r parc bach. A gellir mwynhau pnawn yn Gaiman yn gwneud yr un ma'h o bethau a gorffen trwy gael te Cymreig yn un o'r hanner dwsin neu fwy o dai te. Er bod Dolavon yn lle bach tlws iawn does yna fawr o'hono fo a gellir ei ddihysbyddu yntau mewn pnawn. Ble sydd ar ôl felly? Rawson, Playa Unión a Madryn yw'r tri lle arall sydd o fewn cyrraedd gweddol rwydd.

Y tro cyntaf imi fod draw fe wnes yr holl bethau twristaidd fel mynd i'r sw yn Rawson a gweld yno fodel o'r *Mimosa*, ond fûm i ddim yno wedyn. A theimlwn y tro hwn yr hoffwn weld mwy ar y dre hon oedd, wedi'r cyfan, yn brif dre'r dalaith. A chefais ddigon o gyfle i wneud hynny a chael nad oedd yna fawr ddim i'w weld. Y pe'h pwysicaf i'r Cymry yw'r capel bach sydd yno a'r ffaith mai yno y codwyd baner

Ariannin am y tro cyntaf i ddangos hawl y wlad ar y rhan hwn o dir diffaith y de. Mae yno garchar a thŷ'r Arlywydd, eglwys gatholig ddigon diddorol ac ychydig o siopau ond fawr ddim arall. I Playa Unión y bydd pawb yn mynd yn yr haf ond lle glan môr yw hwn heb fawr ddim yno ond tai, er rhaid dweud fod edrych ar bensaernïaeth rhai o'r rhain yn gallu bod yn ddifyr iawn gan eu bod yn amrywio bron o balas i gwt sinc. Llawer mwy diddorol yw Porthladd Rawson lle mae'r llongau pysgota wedi angori ar geg yr afon a lle gellir bwyta bwyd môr. Yma mae lliw a symud a theimlad o barhad nas ceir yn Playa Unión.

I ni'r Cymry, Madryn yw'r lle enwocaf o ddigon ac af yno bob tro yr af i'r Wladfa er cof am ddewrder yr arloeswyr. Lle y bu paith diffaith mae tref lewyrchus oherwydd y ceir yma waith alwminiwm Río Tinto a phorthladd hwylus lle y gall llongau mawr angori. Ac mae yma draeth helaeth o dywod i ddenu'r twristiaid. Er imi fod yma nifer o weithiau ychydig ydw i'n ei adnabod ar y dre ond hyd y gwelaf mae hi'n ddigon deniadol. Y rhodfa hyd glan y môr yw'r rhan fwyaf atyniadol fodd bynnag, gyda'i dai mawr mewn mannau, ambell beth ar gyfer adloniant plant a phobl ifanc, cofeb hardd dros ben i'r Gymraes wedi ei seilio ar Luned González, a chofeb yr Indiad mewn man dipyn ymhellach o'r dre ar ben bryn. Mae'r Gymraes yn edrych i mewn i'r tir a'r Indiad yn edrych allan i'r môr, ac mae'n sicr fod hyn yn hynod o arwyddocaol.

A heb fod ymhell o gofeb yr Indiad mae'r man lle glaniodd y Cymry a'r ogofâu ble cawsant rywfaint o gysgod pan nad oedd llanw uchel. Cofiaf yn dda fy ymweliad cyntaf â'r lle yn 1981. Y tro hwnnw Glyn Ceiriog Hughes oedd yn gyfrifol am ein holl drefniadau ac âi â ni i bobman. Mae Glyn yn un o'r rheini sy'n gwybod popeth sydd i'w wybod am hen hanes y Wladfa a braint i ni oedd ei gael yn arweinydd a chael manteisio nid yn unig ar ei wybodaeth ond hefyd ar ei hynawsedd a'i foneddigeiddrwydd. Dros y blynyddoedd bûm yma sawl gwaith yng nghwmni May Hughes, gwraig Glyn, sydd bob amser yn cynnig mynd â fi yn ei char, nes i'r ymweilad fynd yn ddefod bellach a chawn yfed paned o goffi yno ar lan y dŵr ac edrych dros yr Iwerydd tua Chymru — a hynny heb bwt o hiraeth ar fy rhan i!

Un bore wele ddau lond car ohonom ni'n mynd tua gorynys Valdés, daith ddwyawr fwy neu lai o Gaiman. Ar y pryd roedd Bethan Mair Davies o Fangor yn aros gyda'i modryb, Mair Davies, yn Nhrelew fel rhan o'i chwrs gradd mewn Sbaeneg a Ffrangeg. Ac roedd Gloria Roberts (neu Glory Thomas fel y bydd pawb yn cyfeirio ati) a'i gŵr John yn aros gyda'r teulu yn Gaiman. (Aethai Glory i Goleg Harlech am flwyddyn ac aros draw wedyn a phriodi Cymro.) Roedd John, Glory, a Gladys ei chwaer, yn un car a Bethan Mair a finnau yng nghar Sandra. Gan inni gychwyn yn afresymol o gynnar yn fy marn i roedden ni yn Pirámides, y pentref bach glan môr sydd ar y Valdés, cyn amser cinio a chawsom ddiwrnod o ddiogi llwyr yno, yn gwneud dim ond gorweddian ar y traeth o dan y *tamariscos* yn sgwrsio ac yn yfed *mate*. Aeth y rhai ifanc i'r dŵr, ond nogio wnes i gan fy mod i'n rhy ddiog, ac a dweud y gwir roedd arna i ofn ei oerni gan imi eisoes gael profiad o'r môr yn y Wladfa.

A phan oedd yr haul ar fachlud dyma fynd yn ôl drwy Fadryn a chael olwyn fflat wrth gyrraedd. Yn ffodus roedd gan Sandra beth oedd yn rhoi digon o wynt mewn teiar i gael car i garej a chawsom ninnau gwpaned o goffi wrth ddisgwyl i gael newid yr olwyn. Ac wedi cyrraedd Trelew a ffarwelio â Bethan Mair aeth Sandra a finnau i brynu *pizza* a mynd i dŷ Elena Arnold i'w fwyta. Ie, diwrnod i'w gofio oedd hwnnw a finnau mor ddiolchgar i'r criw ifanc am fy nghynnwys i yn y daith a finnau bron yn ddigon hen i fod yn nain iddyn nhw!

Yn union fel y byddaf yn cysylltu May â Madryn bob amser felly hefyd Derwyn a Valmai Thomas â Cheg y Ffos, er mai Homer ac Irfonwy Hughes aeth â fi yno gynta ar y ffordd yn ôl o'r argae fawr i fyny'r Dyffryn. Roedden nhw wedi mynd ag Elena a finnau allan am y dirnod ar un o f'ymweliadau blaenorol â'r Dyffryn ac roeddwn innau wedi syrthio mewn cariad â Cheg y Ffos bryd hynny. Ond yn ystod y flwyddyn draw bûm yno ddwywaith gyda Derwyn a Valmai, y tro cyntaf yn y gaeaf pan oedd Marilyn gyda ni a'r ail dro yn yr haf yn ystod ymweliad Vida. Does dim na ŵyr Derwyn am y ffosydd gan mai yno y bu'n gweithio am flynyddoedd lawer.

Byddaf yn edmygu'r hen arloeswyr am lawer o bethau ac nid y lleiaf yw'r gwaith aruthrol wnaethpwyd ganddynt ar y ffosydd. Unwaith y sylweddolwyd mai dyfrio oedd yr allwedd i lwyddiant y Wladfa rhaid oedd sicrhau dŵr ar gyfer pob rhan o'r dyffryn. I'r perwyl hwn ffurfiwyd cwmnïau i fod yn gyfrifol am agor ffosydd am filltiroedd lawer, ac nid rhyw ffosydd bach fel sydd yng Nghymru yw'r rhain. Roedd un o'r rhai cynnar oedd wedi ei hagor â chaib a rhaw yn unig yn mesur tair llath o led ar ei gwaelod, yn bedair llath o ddyfnder ac yn un filltir ar hugain o hyd. A doedd agor ffosydd ddim yn ddigon gan fod yn rhaid codi argae hefyd i reoli'r dyfroedd a gwnaethpwyd hynny hefyd yn llwyddiannus gan y Cymry, a phan anfonodd y llywodraeth ddau ddyn yno i roi trefn ar y gwaith amrwd hwn, yn eu tyb hwy, bu'n rhaid iddynt gyfaddef na ellid gwella arno. Ac yno o hyd y y mae'r ffosydd a'r argae, mor gadarn ag erioed, yn tystio i ddyfalbarhad a gwytnwch ac i fedrusrwydd eithriadol gwŷr oedd yn gwybod y byddai eu bywoliaeth yn dibynnu ar eu llafur.

A dyna'r stori oedd gan Derwyn i'w hadrodd pan aem i Geg y Ffos ac roedd yntau hefyd yn rhan o'r stori honno wrth iddo ddisgrifio'r cyfrifoldeb oedd arno i gau'r dŵr pan fyddai hi'n law mawr rhag i'r ffosydd orlifo a dinistrio'r cnydau. Ac er bod y ffosydd hyn yn gallu bod yn llawn iawn yn yr haf maent yn hollol sych yn y gaeaf a dynion wrthi'n brysur yn eu glanhau. A dyna pryd y gwelir eu gwir faint wrth gwrs. Ar ddechrau'r haf agorir y fflodiat ac un diwrnod ym mis Medi clywais si fod y dŵr yn cyrraedd Gaiman ac aeth Tegai Roberts â mi o gwmpas y lle yn y car i weld at ble yr oedd wedi cyrraedd ond sych oedd y ffos yno er bod dŵr ynddi ychydig yn uwch i fyny. A welais i ddim y funud fawr! Rhaid ei fod wedi cyrraedd yn ddigon llechwraidd yn ystod y nos.

Peth braf yw mynd ar daith yng nghwmni arbenigwr ac er

na wn i ddim am waith peiriannydd llwyddodd Derwyn i wneud y cyfan yn fyw ac yn ddiddorol ar yr ymweliadau hynny. Ac arbenigwr arall y cefais i elwa ar ei wybodaeth oedd Orig Griffiths yr oedd Mary ei wraig yn fodryb i Sandra Day. Roedd Orwig yn gefnder i Erie James o Gaiman oedd wedi fy nghroesawu i'w thŷ lawer gwaith ac oedd yn un o selogion y dosbarth pan nad oedd hi yn Buenos Aires lle y treuliai hi'r gaeaf. A phan welodd Erie fod gen i ddiddordeb yn y planhigion oedd yn tyfu ar y bryniau fe drefnodd i mi fynd gyda hi i dŷ ei chefnder. A chwarae teg i Orwig a Mary cawsom wahoddiad i ginio a chael mynd wedyn i fyny'r bryniau yn y car gan aros bob tro y gwelai Orwig blanhigyn gwahanol. Tynnais bentwr o luniau'r diwrnod hwnnw a phan gefais eu datblygu cefais fynd ato eto iddo fy helpu i'w labelu, oherwydd i mi edrychai'r holl blanhigion yn debyg. Yn sicr roedd ganddyn nhw un peth yn gyffredin sef y drain oedd yn tyfu arnyn nhw a rhai o'r rheini'n ddigon hir i weithredu fel pren i rostio kebab arno. A hyd y gwelwn i melyn oedd y blodau bron yn ddieithriad. Doedd dim o'r amrywiaeth planhigion sydd gennym ni yma a dydw i fawr fwy gwybodus yn eu cylch rŵan nag oeddwn i cyn y daith ond eto fe gefais i bleser mawr o wrando ar arbenigwr yn trafod ei faes.

Ond yr un sy'n gwybod popeth am y teuluoedd a hanes y Dyffryn yw Tegai Roberts, curadur yr amgueddfa yn Gaiman. Rwy'n siŵr fod Tegai'n dioddef o'r un aflwydd â mi, sef traed sy'n cosi, oherwydd pan oedd amser ganddi roedd hi'n barod iawn i ddod efo mi ar fy nghrwydriadau. Yn ei chwmni hi y bues i ym mynwent Tir Helen. Roeddwn i wedi gweld hon yn uchel ar y bryniau, ymhell o bob man, ac wedi clywed Alwina'n dweud fel yr oedd Mr Peregrine, fu'n weinidog yn y Wladfa, wedi dweud na hoffai gael ei gladdu yno rhag ofn iddo beidio clywed yr utgorn ar Ddydd Y Farn a phenderfynais y dylwn fynd yno. Cytunodd Tegai i ddod efo mi ac ar ddiwrnod eithriadol o oer ond heulog wele'r ddwy ohonom ni'n crwydro ymysg y beddau mewn lle hynod o anial ac anghysbell yn darllen arysgrifau oedd yn gallu bod yn ddirdynnol o drist ar adegau. Ond un o'r pethau tristaf oedd bedd ar ffurf crud plentyn wedi ei wneud o bren i goffáu rhyw Eilwen fu farw'n flwydd oed. Ac yma fel yn holl fynwentydd y Wladfa roedd cymaint o arysgrifau Cymraeg ar lechen o Gymru nes y gellid tybio na fu erioed unrhyw ymfudo ac mai yng Nghymru yr oeddem.

Gyda Tegai fe grwydrais lawer ar ffyrdd y Dyffryn gan alw i weld hwn a'r llall oedd yn siarad Cymraeg a chael gweld tai oedd yn aml yn wahanol a phob amser yn ddiddorol. Cofiaf groesi ffos ar bont fach fregus iawn a mynd i dŷ yr oedd ei loriau o bridd, a dotio at ei glydwch. Dro arall buom yn nhŷ Ann Owen y gwyddwn i amdani fel y wraig oedd yn mynd i Drelew weithiau i werthu menyn ffarm, ac oddi yno aethom i hen dŷ Homer ac Irfonwy Hughes ar y ffarm, a Tegai'n adnabod y ffordd ac yn adnabod y teuluoedd hefyd gan wybod eu hen hanes. Gyda hi fe deimlwn fod gen i fy ngwyddoniadur personol!

Ond peidied neb â meddwl mai un sydd â'i holl fryd ar y gorffennol yw Tegai, dim o'r fath beth! Hi sy'n gyfrifol am y rhaglen radio Gymreig sy'n cael ei darlledu bob wythnos o Drelew. Rwy'n dweud 'Cymreig' yn hytrach na Chymraeg am mai Sbaeneg yw'r iaith oni bai bod cyfweliad â rhywun o Gymru, ond canu Cymraeg a geir arni a hanes y pethau Cymreig yn y Dyffryn a geir. Y rhaglen hon sy'n rhoi gwybodaeth am yr hyn sy'n digwydd yn y capeli a'r cymdeithasau ac yn cyhoeddi gwahanol gyfarfodydd a thrwyddi hi y ceir gwybod pwy sydd yn ymweld o Gymru. A diolch i Tegai a'i radio a Luned a'i chysylltiadau â phapur newydd y *Jornada* mae pawb sy'n mynd draw yn cael sylw'r cyfryngau.

# Ymwelwyr o Gymru

Petawn i'n cael ddoe yn ôl mi fyddwn i'n cadw rhestr fanwl o'r holl bobl fu yn Nhŷ'r Camwy yn ystod fy mlwyddyn yno oherwydd wrth edrych drwy fy nyddiadur rŵan mae'n amlwg ei bod yn un faith iawn ac yn sicr doeddwn i ddim yn cofnodi pob ymweliad gan rai fel Luned oedd yn dod heibio'n aml gan ei bod yn gweithio drws nesa.

Mae un ymweliad gan rai o'r pentre yn sefyll allan am ei fod yn wahanol i'r gweddill a digwyddodd un pnawn yn fuan ar ôl imi gyrraedd yno. Canodd cloch y drws ffrynt ac yno safai tri o blant bach rhwng saith a naw oed, mae'n debyg. Roeddwn i'n adnabod y bachgen, Alain, ers blynyddoedd gan ei fod yn fab i Marlin Ellis de Mellado ond roedd y ddau arall yn ddieithr. Dyma eu rhoi i eistedd yn un rhes ar y soffa ac edrych arnyn nhw mewn penbleth achos doedd gen i ddim digon o Sbaeneg i gynnal sgwrs gall â phlant bach hyd yn oed. Ond doedd dim rhaid i mi boeni, roedd Alain yn gwbl 'tebol ac yn cynnal y sgwrs yn rhyfeddol. Mae'n amlwg ei fod yn teimlo mai fo oedd arweinydd yr ymweliad fel 'tai gan ei fod yn fy nabod cynt a chan fod ganddo fo fwy o Gymraeg na'r lleill o ryw fymryn bach! A chan nad oedd y lleill yn medru siarad dim doedd yr hyn oedd ganddo fo fawr o help. Ond ei ddull oedd siarad Sbaeneg yn uwch ac yn araf-ach gan roi ambell air Cymraeg yn y frawddeg. Felly y cyfieithodd sgwrs Ivone, ei gyfnither, a Maia (Glenys oedd ei henw iawn felly wn i ddim pam yr oedd pawb yn ei galw'n Maia) i mi y pnawn hwnnw. Ac o bob ymweliad gefais i yn

105

ystod y flwyddyn hwnnw oedd yn fy nghyffwrdd i fwyaf a theimlwn fod rhywbeth mor hyfryd yn y plant bach yma oedd yn gwneud eu dylestwydd cymdeithasol ac yn ymweld â'r ddynes ddieithr. Ond mynd i sôn am ymweliadau gan Gymry yr oeddwn i. Mae'n amlwg fod mynd i'r Wladfa'n beth ffasiynol i'w wneud ar hyn o bryd oherwydd yn ystod y flwyddyn gwelais wn i ddim faint o fy nghydwladwyr a theimlwn y dylwn arfer yr un lletygarwch â phobl y lle a'u gwahodd i gael bwyd. Cymry Cymraeg oedd y rhan fwyaf o'r rhain a daeth y criw mawr cyntaf erbyn yr Eisteddfod gyda Dei a Mair Edwards, Llanuwchllyn. A'r Sul pan oedd asado yn Gaiman gofynnwyd i minnau fel un o'r pentre roi te i rai o'r ymwelwyr. Felly y deuthum i adnabod Robyn a Gwennan Lewis a W. J. Jones, Caerdydd, a chael mynd â nhw am dro o gwmpas Gaiman Yr un pryd daethai criw Hel Straeon. Gwyddwn fod Gwyn Llewelyn, Ann Fôn a Ioan Roberts yn bwriadu dod a doeddwn i'n synnu dim eu gweld yn cerdded i mewn i'r sosial croeso ond doeddwn i ddim yn disgwyl gweld Sioned Jones, merch Parc, Llangadfan, yno. Roeddwn i'n ei hadnabod hi ers blynyddoedd a bu'n aros gyda mi ym Mhorthaethwy felly naturiol iawn oedd ei gwahodd hithau i ddod i gael cinio i Dŷ'r Camwy a daeth Gwyn ac Ann gyda hi. Ac roedd un peth da iawn yn Gaiman, pan gawn ymwelwyr annisgwyl gallwn bob amser fynd i lawr y ffordd i brynu *empanadas* neu *milanesas* i ginio. A chwarae teg i'r Cymry yma cefais innau fynd atyn nhw i Drelew am bryd fin nos, peth amheuthun ddigon i mi ar y pryd gan nad oedd yr arian yn caniatáu bwyta allan.

Clywais am fodolaeth Cymro arall mewn ffordd digon annisgwyl. Pan oedd Vida a minnau yn teithio o Esquel ar y bws i Bariloche doedd dim lle inni gyda'n gilydd ac roedd Vida'n eistedd wrth ochr bachgen o Ffrancwr siaradus o Ganada oedd wedi cyrraedd y bore hwnnw o Drelew. Dywedodd iddo deithio i'r Dyffryn yng nghwmni bachgen o Ben-y-groes, Arfon, a rhoddodd ei enw inni. A'r peth cyntaf wnaethom ni ar ôl cyrraedd Trelew yn ein holau oedd holi amdano ond doedd neb wedi ei weld. Fodd bynnag, o'r diwedd dyma gael gwybod fod Cymro yn aros gydag un nad oedd yn cymysgu rhyw lawer yn y gymdeithas Gymreig ac aethom i'w weld. O'i weld dyma ei wahodd i ginio drannoeth a chael dau o fechgyn ifanc Gaiman, Fabio González a Hector Ariel Macdonald, y ddau yn siarad Cymraeg, yn gwmni iddo. A phan aeth Derwyn â ni i Geg y Ffos cafodd Melfyn Thomas ddod gyda ni. Ond oni bai i ni gyfarfod y bachgen ar y bws byddai Melfyn wedi gadael y Wladfa heb gael fawr ddim cyswllt â'r Cymry. Dyna sy'n gallu digwydd pan fo dyn yn mynd i rywle dieithr ar hap.

Bu merch o ymwelydd yn fwy ffodus. Cerddais i mewn i ddosbarth y Cymry yn Nhrelew un pnawn a gweld geneth ddieithr yno. Dywedodd ei bod yn dod o Fangor a dyma finnau'n dechrau holi eu phac gan mai yno y cefais innau fy ngeni a'm magu. A chael fy mod yn gwybod yn iawn pwy oedd hi gan iddi fod yn ffrind penna i nith imi pan oedden nhw'n blant. Roedd Bethan Rees wedi mynd i aros i'r Touring, hen westy diddorol yn y dre ac wedi holi ble y gallai hi weld Cymry. Anfonodd y perchennog hi i'r amgueddfa (nid oherwydd ei bod yn credu mai math o ddeinosoriaid oedden ni ond am y credai y gallai'r curadur ei helpu i gysylltu â Chymry!) ac yno gwelodd Iola Evans a drefnodd iddi ddod gyda hi i'r dosbarth. Bu Bethan yn Uruguay am flwyddyn fel rhan o'i chwrs coleg ond gan ei bod yno adeg rhyfel y Malvinas methodd â dod i'r Wladfa, a rŵan gan iddi gael gwahoddiad i briodas yn Uruguay penderfynodd ddod i lawr i Drelew am ychydig ddyddiau. Daeth hithau i Dŷ'r Camwy fel y gwnaeth eraill fel Gian Fasey o Dregarth, Robbie Williams o Lundain, bachgen o Gymro o Awstralia ac Aled a Beryl Lloyd Davies, yr Wyddgrug, a bu cael eu cwmni a chael dangos lle yr oeddwn i wedi hen syrthio mewn cariad ag o yn bleser.

Roedd pob un o'r ymwelwyr hyn yn siarad Cymraeg, wrth gwrs, gan mai pobl felly sy'n tueddu i ddod i'r Wladfa, pobl a chanddynt ddiddordeb yn yr ymfudo a'r sefydliad, ond cefais un ymwelydd gwahanol iawn yn y tŷ. Cawsai Luned lythyr gan fachgen di-Gymraeg o Sir Forgannwg yn dweud yr hoffai ddod i'r Wladfa er mwyn cael croesi'r paith ar gefn ceffyl. Wel, fe gyrhaeddodd, yn fachgen ifanc digon dymunol oedd wedi ymdrechu i ddysgu rhywfaint o Sbaeneg ond nad oedd, yn ôl ei gyfaddefiad ei hun, yn arbenigwr mawr ar farchogaeth gan mai dyn môr oedd o a'i waith, os cofiaf yn iawn, oedd dysgu pobl i hwylio neu rywbeth o'r fath. Ond am ryw reswm roedd ganddo uchelgais, sef cael marchogaeth am gyfnod hir dros dir diffaith a chredai y gallai wneud hyn yn Nhalaith Chubut. Roedd problem wrth gwrs: doedd ganddo ddim ceffyl! Felly rhaid oedd mynd ag o i chwilio am un ac i Tegai y rhoddwyd y gorchwyl o'i helpu. Cefais innau fynd am dro gyda nhw i ddwy ffarm a chael gwrando ar drafodaeth nad oeddwn i'n deall dim arni. A dyma sylweddoli bod problem arall. Ei fwriad oedd dod i lawr o'r Andes i'r Dyffryn felly faint haws fyddai o â phrynu ceffyl yn Gaiman? Ei berswadio wedyn mai gwell fyddai dal y bws dros nos am Esquel a holi yno a dyna a gytunwyd, ond erbyn gweld doedd y creadur bach ddim wedi bwyta ers oriau felly daeth o a Tegai i Dŷ'r Camwy a gwnes ryw swper chwarel iddyn nhw a daeth Tegai â phwdin reis efo hi. Diflannodd Robert i gyfeiriad yr Andes y noson honno ond am ddyddiau, os nad wythnosau, deuai negeseuon dros y radio yn dweud ei fod wedi cyrraedd fan ar fan ar ei daith-gefn-ceffyl unig nes o'r diwedd iddo gyrraedd yn ôl i'r Dyffryn. Cafodd brofiadau diddorol ceffylog, fel petai, ar y ffordd ond ddigwyddodd dim byd trychinebus iddo a thystio a wnâi i garedigrwydd dynion y paith oedd bob amser yn barod i rannu bwyd a chysgod gydag o. Do, fe gefais innau lawer o ymwelwyr i rannu fy mwyd ond ar lawer cyfri hwn oedd y mwyaf annisgwyl.

# Ar i Waered

Roedd y gwyliau haf hir wedi rhannu fy mlwyddyn yn ddwy ran ac i raddau, digon tebyg oedd patrwm yr ail hanner o ran byw pob dydd a dosbarthiadau ond bod yr uchafbwyntiau'n wahanol. A hefyd drwy'r amser teimlwn ryw dristwch gan y gwyddwn y byddai'r amser yn mynd heibio'n gyflym iawn ac y byddai'n rhaid i minnau fynd yn ôl cyn hir. Ac felly wrth feddwl am y dyfodol y mae dyn yn difetha'r presennol! Ond roedd y presennol hwnnw yno mor fyw a phrysur ag erioed a minnau fel arfer yn ceisio rhoi chwart mewn pot peint. A doedd y teithio ddim ar ben yn llwyr chwaith. Byddaf wrth fy modd yn tynnu coes ambell bregethwr yng Nghymru drwy ddweud na fu'r rhan fwyaf ohonyn nhw ddim mor bell ar gyhoeddiad ag y bûm i un tro. Ychydig wedi'r Pasg gofynnwyd imi fynd i Seion, Esquel, i bregethu a chan fy mod i'n awyddus i weld Anson ac Alwen ac Aira ac Elgar a'r teulu eto dyma drefnu i ddal y bws draw ar fore Gwener ac aros tan ddydd Mawrth gan gyrraedd yn ôl i Drelew mewn pryd i gymryd fy nosbarth yno.

Am imi fod gymaint mwy yn y Dyffryn nag yn yr Andes ychydig o ffrindiau sydd gen i yno er fy mod yn adnabod cryn nifer ac yn mynd i edrych am rai ohonyn nhw os oes cyfle, rhai fel Fred Green a'i deulu, Dennis a Rosalia Jones, Ben ac Elsi Roberts yn ardal Trevelin a Rini Knobel ac Ifor ac Esther Hughes yn Esquel a llawer un arall erbyn meddwl. Ac wrth gwrs roeddwn i bob amser yn mynd i weld Anson ac Alwen Roberts. Ond erbyn hyn mae gen i ddwy ffrind newydd yno, rhai y dois i'w hadnabod yma yng Nghymru. Adeg Eisteddfod yr Urdd yn Nyffryn Nantlle oedd hi a minnau wedi treulio'r dydd Llun yno. Gyda imi gyrraedd adre dyma alwad ffôn yn dweud fod dwy wraig o Ariannin yn aros yng ngwesty'r British ym Mangor ac yn teimlo'n ddigon chwithig am nad oedd yr un o'r ddwy yn medru Saesneg, er bod un yn medru rhywfaint o Gymraeg. Dyma fynd yno a'u cyfarfod a dod â nhw yma i gael bwyd. Ac yma y buon nhw am ryw dridiau nes mynd yn eu blaenau i'r Bala at Eiddwen Humphreys. Cefais lawer o bleser o gael sgwrsio â Wenmai Williams ac Elena Calderon y dyddiau hynny a rŵan roeddwn i'n cael cyfle i'w gweld eto ar fy ymweliadau ag Esquel gan gael fy nghroesawu i'w cartrefi hwythau. A chwarae teg i'r ddwy roedd Elena wedi gwau côt wau imi wedi i'r ddwy brynu'r gwlân.

Y tro hwn hefyd cefais fynd efo Aira ac Elgar i'r camp, neu'r ffarm sydd ganddynt ar y paith i gyfeiriad Tecka, rhywbeth yr oeddwn i wedi bod awydd ei wneud ers tro. Rwy'n credu'n gryf mewn ufuddhau pan fo'r Beibl yn dweud 'Profwch bob peth' a hyd yma dyma brofiad nad oeddwn wedi ei gael. Roedd Eduardo'r mab eisoes yn y camp uchaf ac Elgar awydd mynd i weld sut oedd pethau yno, felly dyma fynd ein tri yn y lori fach i gyfeiriad Tecka ar ffordd y Dyffryn. Yno yn y mynyddoedd bellter o'r ffordd fawr mae'r camp isaf lle arhosodd Aira a minnau ond ar ôl cinio aeth Elgar yn ei flaen yn uwch i fyny fyth. Roedd hi'n bnawn heulog braf felly am dro â ni i weld beth welem ni. Roeddem ni'n bell iawn o bob man yma, heb olwg o dŷ yn unman oni bai am furddun o wiail pleth a mwd o'r enw Media Luna, neu hanner lleuad, ac o'n cwmpas ym mhobman roedd y mynyddoedd ac uwch ein pennau awyr ryfeddol o las. Ac yno yn pori'n dawel roedd haid o estrys a'u lliw yn toddi i mewn yn berffaith i'r tir o'u cwmpas fel mai prin y gellid eu gweld. Ond er trio tynnu llun allwn i yn fy myw gan eu bod yn symud ymlaen bob tro yr oeddwn i'n nesu atyn nhw, ac yn y diwedd bu'n rhaid bodloni ar lun o bell. Ond nid yr un ystyr sydd i'r gair bodloni wrth sôn am y diwrnod ar ei hyd, oherwydd ar y daith adref teimlwn yn fodlon braf am imi gael profiad newydd eto fyth ac ymweld ag El Cuche. Yn ôl Elgar daeth yr enw o'r Gymraeg-Saesneg 'y cwts' am fod yma ryw fath ar gysgod yn y dyddiau pan fu chwilio am aur yn y rhan yma o Chubut. Byddai darganfod yr aur hwnnw heddiw yn fendith i'r ffermwyr yn yr ardal yma sy'n diodde'n enbyd ar hyn o bryd oherwydd y gostyngiad ym mhris y gwlân.

Ond nid wedi mynd i Esquel i fwynhau fy hun yr oeddwn i'r tro hwn; roedd gen i waith i'w wneud. Nos Sul oedd y cwrdd yn Seion felly cefais ddiwrnod o wneud dim ac amser i hel fy meddwl a cheisio tawelu'r nerfau. Ond daeth yr awr, a rhaid oedd wynebu cynulleidfa newydd eto. Mae capel Seion wedi gwella'i wedd ers imi ei weld am y tro cyntaf yn 1981, y wal oedd o'i amgylch wedi ei dymchwel, y tir wedi ei dacluso a'r llwybr ei balmantu. A throes y festri yn dŷ te. Mae'r tu mewn i'r capel yn daclus a glân ac ôl llafur cariad rhywrai yn glir yno. Alwen Roberts oedd yn llywyddu ac roedd yn amlwg ei bod wedi hen arfer â gwneud hynny. Roedd yno gynulleidfa dda a llawer o wynebau oedd yn newydd i mi a chefais gyfle i gael sgwrs efo sawl un ar y diwedd er i'r tywydd droi'n oer a gwlyb erbyn diwedd y cwrdd. A rhaid oedd derbyn y casgliad yn dâl am y Sul. Mae'n wir bod y gwasanaethau yn Seion yn anaml, yn dibynnu ar i Mair Davies fynd i fyny ar bumed Sul y mis ac unrhyw bregethwr sydd draw o Gymru ond mae'r sêl a'r brwdfrydedd yno o hyd a'r gynulleidfa'n un gynnes iawn. Ond mae hi'n fwy anodd rhoi gwybod i bawb pan fo gwasanaeth os nad oes trefn reolaidd gan fod yn rhaid ffonio hwn a'r llall. Ond wrth gwrs y rhyfeddod ydi fod yna achos o gwbl ar ôl cynifer o flynydd-oedd a hwythau heb unrhyw fath o gyfundeb na dim i'w cynnal.

Rwy'n credu mai'r noson honno yn Esquel y daeth y gaeaf a thrannoeth roedd hi'n law ac yn fwd ac Aira a finnau yn mynd o siop i siop dan ein hambarél fel ieir dan badell. Ac ar y bore Mawrth roeddwn i'n ffarwelio am y tro olaf y flwyddyn honno heb sylweddoli fy mod yn wir yn ffarwelio am y tro olaf un â Karen yr oeddwn wedi cael rhannu ei hystafell wely dros gyfnod o rai blynyddoedd. Feddyliodd yr un ohonom ni y bore Mawrth hwnnw y byddai'r teulu yn cael ei chwalu mor greulon mor fuan wedyn. Alla i ond gobeithio fod Karen wedi sylweddoli gymaint yr oeddwn i'n gwerthfawrogi ei chymwynas â mi ac mor hoff yr oeddwn i o'i chwmni ac o wrando ar ei Chymraeg araf, cwrtais.

Ond ar y bws ar y ffordd yn ôl am y Dyffryn doedd meddyliau trist o'r fath ddim yn perthyn i ddiwrnod oedd unwaith eto'n hafaidd nes imi allu mwynhau'r golygfeydd i'r eithaf. A chyn pen dim dyna fi yn ôl yn Gaiman efo digon o amser i ymolchi a newid cyn mynd i'r dosbarth yn Nhrelew. Ond alla i byth groesi'r paith gyda'r fath rwyddineb heb gofio am y teithio caled y bu'n rhaid i'r hen wladfawyr ei wynebu gan mlynedd ynghynt.

Dywedais i'r tywydd droi'n aeafol tra oeddwn i yn Esquel ac o hynny ymlaen rhyw chwarae mig â ni yr oedd y gwres. Ceid diwrnod heulog hir oedd unwaith eto'n denu dyn i feddwl na fyddai'r haf yn darfod byth ac yna drannoeth dyna hi'n aeafol iawn unwaith eto. Tywydd da i ddal annwyd oedd hwn. Mae gen i gofnod yn fy nyddiadur o wres dau ddiwrnod yn olynol. Ar y pumed o Fawrth roedd hi'n boeth, yn 38°C ac ar y chweched yn sobor o oer, yn 14°C. Wir, mae hi'n anodd credu fod y fath eithafion yn bosibl ac nid eithriadau oedd y ddeuddydd hyn. A rŵan pan fo rhai sydd ar fynd i'r Wladfa'n fy holi ynghylch pa ddillad i'w cymryd efo nhw caf fy nhemtio i ddweud 'popeth'! Yr adeg hon o'r flwyddyn roedd yr haul yn isel iawn yn yr awyr ar ddiwedd dydd a phob tro y down adref o Drelew ddiwedd y pnawn cawn fy nallu'n llwyr a phob tro y digwyddai byddwn yn addunedu na chychwynnwn eto ar y fath awr. Ond anghofio f'adduned wnawn i a gyrru'n ddall unwaith eto. Ac er bod y ffordd yn un syth roedd ganddi'r enw o fod yn un beryglus iawn gan ei bod yn weddol gul gydag ochrau meddal ac roedd llawer o lorïau trymion yn teithio hyd-ddi ar y daith rhwng y Dyffryn a'r Andes. Wrth nesu at Gaiman gwelwn bennau'r coed bron gyfuwch â'r ffordd gan nad yw'r bryniau yma'n uchel o gwbl, ac ar y gorwel yn wyn yn erbyn llwyd-wyrdd y paith mae'r fynwent. Rhyfedd meddwl mor falch oeddwn i o'i gweld, ond i mi golygai fy mod i bron â chyrraedd y tro am y pentref ac y cawn gefnu unwaith eto ar yr haul.

# Cyn Cefnu'n Llwyr

Yn ystod y flwyddyn roeddwn i wedi dod i arfer â chlywed cyhoeddi ar y radio yn y bore ei bod yn ŵyl hyn a'r llall ac arall, yn ddydd y plant, dydd ffrindiau, dydd yr athrawon, dydd y disgyblion, dydd y gweithwyr banc, dydd yr ygsrifenyddion a dydd pawb arall am wn i, ac roedd gwyliau i ryw garfan o'r gymdeithas o hyd, gwyliau nad ydynt i'w cael yma. Syndod i mi oedd deall fod y Cymry'n dal i gofio ein Dydd Ffŵl Ebrill ni ac wrth gwrs roeddwn i wedi hen anghofio am ei fodolaeth! Margreta Meza Leiz, cymdogas dda i mi, gyrhaeddodd y tŷ un bore â'i gwynt yn ei dwrn a dweud fod plant yr ysgol wedi gwneud rhywbeth i'r car, ac wrth gwrs dyma finnau allan ar ras i'w weld! A fi oedd y drydedd iddi hi ei dal y diwrnod hwnnw! Mae'n rhyfedd meddwl fod yr hen draddodiad diniwed hwn wedi dal mor hir ym mhen draw'r byd.

Yn wahanol i'r gwyliau mawr cenedlaethol doedd yr holl wyliau bach ddim yn effeithio arna i. Ond un dydd dyma fy nosbarth yn Nolavon yn fy rhybuddio na allem gyfarfod ymhen yr wythnos am ei bod yn ddydd y cyfrifiad. Ddyliwn i, roedd yn rhaid i bawb aros yn eu tai nes bod y sawl oedd yn cyfrif yn yr ardal honno wedi bod yn eu holi. Mae'n debyg na ellid ei wneud drwy lenwi ffurflen yn unig gan fod cynifer na allent ddarllen nac ysgrifennu. Roedd llawer mwy o sôn yno am y diwrnod gan fod athrawon yn cael eu recriwtio i wneud y gwaith a'u bod yn cael cyfarfodydd lawer cyn y diwrnod. Roedd Laura Henry'n fath ar arweinydd ar un tîm o holwyr a chefais wybod ymlaen llaw ganddi beth fyddai'r cwestiynau, felly pan gyrhaeddodd y ferch Dŷ'r Camwy tuag amser cinio ar y pymthegfed o Fai gwyddwn beth i'w ddisgwyl. Roedd y cwestiynau'n wahanol ac yn ddigon diddorol. Holent fy enw ond nid fy nghyfenw, beth oedd fy ngwaith a phwy dalai fy nghyflog ac wedi hynny ceid holi ynghylch y tŷ, beth oedd deunydd y waliau, y to a'r lloriau, ac oedd iddo ddŵr a thrydan a nwy. Clywais lawer stori ddifyr i mi am gyfrifiadau blaenorol pan na wyddai rhai o'r brodorion oed eu plant na blwyddyn eu geni, dim ond gwybod iddi fwrw eira'n gynnar y flwyddyn honno, dyweder, a bod y lleuad yn llawn. A dyna ble byddai'r holwr druan yn gorfod trio cofio drostynt!

Ac o sôn am oed rhaid imi sôn am fy oed fy hun gan imi gael fy mhen blwydd yn ystod fy mlwyddyn draw a'i gael nid yn y gwanwyn fel arfer ond yn yr hydref. Cawswn fy mhen blwydd yn y Wladfa ddeng mlynedd ynghynt a'i ddathlu yn Esquel bryd hynny a chael gwahoddiad i swper at Anson ac Alwen, fi a Iorwerth Williams o Dal-y-bont, Ardudwy, a mynd wedyn at Aira ac Elgar. Y tro hwn fe'i cawn ar ddydd Sadwrn a chan na fyddwn yn gweithio roedd Sandra a Gladys wedi fy ngwahodd i de. Daeth y ddwy i fy nôl tua phump o'r gloch a mynd â mi yn y car i dŷ te Plas y Coed. Gwelais ambell gar cyfarwydd y tu allan a phan gerddais i mewn roedd yr ystafell yn orlawn a phawb yn canu 'Pen blwydd llawen'! Fy ngreddf oedd rhedeg i ffwrdd ond doedd dim dianc i fod ac yno y bûm fel rhyw frenhines am deirawr ac anghofia i fyth y te hwnnw. Roedd Martha Rees wedi mynd i drafferth gyda'r bwyd ac mae gen i gofnod fod yna *ddeg* gwahanol fath o deisen a theisen pen blwydd ar ben hynny. Ac ar ôl gloddesta roedd yn rhaid i mi agor yr anrhegion, bentwr ohonyn nhw. Wyddwn i ar y ddaear sut i gyfleu fy nheimladau'r diwrnod hwnnw a chredaf imi fethu'n llwyr, ond dyna un o ddyddiau mwya cofiadwy'r flwyddyn. Doeddwn i'n gallu gwneud dim ond diolch i bawb am ddod a diolch i Sandra a Gladys am yr holl drefnu dirgel. Ond dyna ni, rhai da am drefnu ydi pobl y Wladfa ac roedden nhw hyd yn oed wedi llwyddo i drefnu iddi lawio er mwyn fy atgoffa o dywydd dathlu fy mhen blwydd yng Nghymru!

Un diwrnod a minnau'n dysgu yn Nhrelew dyma sylweddoli mai union ddeng mlynedd i'r diwrnod hwnnw y cyrhaeddais Drelew am y tro cyntaf. Petai rhywun wedi dweud bryd hynny y byddwn wedi mynd yn ôl deirgwaith ac wedi treulio blwyddyn yno byddwn wedi ei chael yn anodd ei gredu. Wrth gerdded allan o'r festri efo Elena Arnold ac Uriena Lewis dyma benderfynu fod hwn yn rhywbeth yr oedd yn rhaid ei ddathlu ac i ffwrdd â ni i Westy'r Rayentray ar y gornel am goffi. A'r gwir ydi i minnau yn ystod y flwyddyn fynd fel yr Archentwyr a chredu mewn dathlu popeth! Ac wrth gwrs erbyn diwedd y flwyddyn roedd gen i well syniad o faint o arian oedd gen i ar ôl. Wedi'r cyfan peth digon anodd yw gwybod faint o bres sydd ei angen ar gyfer blwyddyn ac o'r herwydd roeddwn i wedi byw yn ddigon fforddiol 'rhag ofn'. Ond bellach gallwn fynd am goffi os oedd awydd arna i, rhywbeth yr oeddwn wedi ymgadw rhagddo tan hynny. Lle da am rywbeth i dorri syched oedd Gwesty'r Touring, gwesty hynaf y dre, gyda'i far mawr hyfryd, hen ffasiwn a'i goffi ardderchog. A gwell hyd yn oed na'r coffi oedd y *submarino*. Cawn lond gwydr o lefrith poeth a bar o siocled, a'r syniad oedd toddi'r siocled yn llwyr yn y llefrith. Mae'r fersiwn o siocled yfed gawn ni mewn tun yma'n ddiniwed iawn o'i gymharu â hwn. Ac i'w fwyta gyda'r *submarino* ceid *media luna*, fersiwn Ariannin ar *croissant*.

Mae llawer o atgofion yn dod yn ôl o'r cyfnod cyn-dod-adre hwnnw, a rhaid cyfaddef fod llawer yn ymwneud â bwyta! Cofio mynd gyda Tegai, Sandra a Gladys, yn hwyr un nos ar ôl bod mewn asado i westy arall yn y dre, y Centenario, i gael coffi, a 'hithau eisoes yn hwyr yn ôl fy nghloc mewnol i. Mynd ar ôl y cwrdd yn Nhrelew un nos Sul efo May Hughes, Elena Arnold a Proserpina Davies i gael *pizza* i Casa de Juan. Cael gwahoddiad gan Virgilio ac Albina Zampini i fynd gyda nhw, Gweneira a Tegai, allan i ginio Sul a gwrando ar sgwrs ddiddorol ynghylch teuluoedd y Wladfa nes fod fy mhen i'n troi, a sylweddoli fy mod yng nghanol rhai oedd yn byw hanes y lle. Mynd i de parti Mrs James yn 89 oed a dotio ati mor ifanc ei ffordd a'i hysbryd.

Y rhyfeddod ydi imi gyrraedd diwedd y flwyddyn a chael fod yna gymaint o bethau newydd i'w gwneud o hyd. Y drwg oedd imi ohirio gwneud rhai pethau am y rheswm syml fy mod i'n credu fod gen i ddigon o amser, ond buan yr aeth y digon yn ychydig. Petawn i wedi cael benthyg beic Ethel oedd yn byw y drws nesa i Sandra ynghynt mae'n siŵr y byddwn wedi ei ddefnyddio'n amlach, oherwydd roedd y pnawn hwnnw pan aeth Sandra a minnau am dro ar ein beiciau yn ddifyr tu 'hwnt. Ac mae llawer tŷ y bwriadwn fynd iddo ryw ddydd na welais i mohono fo byth. Ond fe fues i ym Mod Iwan unwaith neu ddwy yn ystod y cyfnod olaf yna, a chael gweld y tŷ gododd hen Gwmni Masnachol y Camwy i weddw Llwyd ap Iwan wedi i hwnnw gael ei saethu yn Nant y Pysgod. Yr hyn oedd yn ddiddorol ynddo oedd yr ystafell oedd wedi ei phapuro ag oilcloth a gellid gweld yr hesg yn tyfu i fyny rhwng 'hwnnw a'r wal. Ac roedd ambell ddwrn drws wedi ei wneud o fwd a edrychai'n union fel tegan. A chefais fynd oddi yno gyda Gerallt Williams i dŷ ei chwaer Ethel, Llain Las, hen gartref Nel Fach y Bwcs yr ysgrifennodd Marged Jones lyfr mor ddiddorol amdani. Gydag Edmund, brawd Gerallt, y bu Vida a minnau yn y bryniau rywle yn ardal Lle Cul i weld y marciau yn y graig a wnaed gan yr Indiaid yn y fan honno a'r rheini'n batrymau cywrain a diddorol. Ond gwell na'r olion hyn oedd clywed Edmund yn sôn am 'yr esgyrn wedi caregu' a minnau'n dotio at ei iaith o, a'i glywed wedyn ar ryw sgwrs yn dweud, 'brifed y sawl a frifo' gan siarad y math o Gymraeg cryno, cyhyrog aeth yn brin yng Nghymru ei hun.

# Ffarwelio

I mi mae rhyw dristwch ynghlwm â'r hydref er ei harddwch
ac roedd hyn yn wir iawn am yr hydref hwnnw yn y Wladfa.
Gweld diwedd blwyddyn a diwedd cyfnod yn dod gyda'i
gilydd. Gweld y dail yn cwympo oddi ar y poplys gan eu
dinoethi ar gyfer y gaeaf, gweld y ffos yn Gaiman yn sych
unwaith eto a dim yn ei llenwi ond dail marw ac olion hen
faw a gwybod mor fuan y deuai mis Gorffennaf a chyfnod
ffarwelio. Roedd fel petai gwyliau'r haf wedi rhannu'r
flwyddyn yn ddwy ran gyfartal fel bod yna ryw gydbwysedd
rhyfedd gan beri bod yr ail ran bron fel llun y rhan gyntaf
mewn drych.

Dechreuodd a gorffennodd y flwyddyn gydag angladd. Y
diwrnod y cyrhaeddais y Dyffryn bu farw Catherine Ellis, y
gyntaf o'r Wladfa i mi gael y fraint o'i chroesawu yn fy
nghartref, a drennydd cynhaliwyd ei hangladd yng nghapel
Be 'hel, Gaiman. Mae'r arfer hwn o gladdu mor fuan yn
ddieithr iawn i ni ac yn naturiol golyga nad oes obaith i deulu
neu ffrindiau sy'n byw bellter o'r man claddu gyrraedd mewn
pryd. Roeddwn i wedi edrych ymlaen at gael aml sgwrs gyda
Catherine ac er yn siomedig imi gyrraedd yn rhy hwyr
roeddwn yn diolch imi allu bod yn ei hangladd. Ac er bod
Bethel, Gaiman, yn gapel mawr roedd yn rhwydd lawn rŵan
ar brynhawn eithriadol o oer. I mi roedd rhywbeth yn chwith
iawn mewn cael teyrngedau Sbaeneg i un oedd yn Gymraes
mor loyw, ond mae'n debyg mai cwrteisi difaol y Cymry oedd
y rheswm dros hynny fel arfer, a hynny am fod yno gymaint o

rai di-Gymraeg yn y gwasanaeth. Mae mynwent Gaiman mewn lle noeth ar ben y bryn ac yno yr aethom wedyn, yn llai o ran nifer. Ac yno ar lan y bedd yn canu 'Craig yr Oesoedd' fe deimlwn yn ymwybodol iawn o'r ffaith ein bod yn ffarwelio â thalp o Gymreictod naturiol y Dyffryn.

Cyfeiriais eisoes at angladd Celina Rowlands de Jones fu farw ar ddiwedd fy mlwyddyn draw. Er i'w salwch daflu ei gysgod dros fy nyddiau olaf yno roedd pawb yn gwneud eu gorau i beidio â gadael i hynny darfu ar y trefniadau ffarwelio, chwarae teg iddyn nhw. Roedd fy mhythefnos cyntaf i ar ôl cyrraedd y Wladfa wedi bod yn un gloddest o fwyta allan a dyma fi unwaith eto'n gorffen fel y dechreuais i oherwydd am y pythefnos olaf dim ond mynd allan i fwyta wnes i, a hynny i ginio, te a swper yr un diwrnod gan amlaf. Roedd pawb yn benderfynol o ddangos i bobl Cymru nad oeddwn i ddim wedi colli pwysau tra bûm i draw! Ac ar wahân i fynd i dai ffrindiau i fwyta roedd ambell barti mwy ffurfiol, os ffurfiol hefyd. Y cyntaf oedd yr un drefnodd dosbarth Cymry Trelew yn yr El Quijote, te parti bach hyfryd i ryw ddwsin o'r hen ffrindiau yr oeddwn i wedi cael eu cwmni yn y dosbarth yn gyson drwy'r flwyddyn. Roedd te parti Dolavon yn wahanol, yn gymysgfa o Gymry a dysgwyr, yn cael ei gynnal yn y dosbarth yn yr ysgol efo pawb yn dod â bwyd, diod a llestri. Yn Nhŷ'r Camwy y cafwyd te parti un bore gan ddysgwyr Gaiman a phawb yn cyfrannu bwyd ato fo a minnau'n gyfrifol am wneud y coffi. Fel y gellid disgwyl sosial gafwyd yn y capeli a hynny ar ddiwedd cwrdd nos Sul. A beth wnes i ym mhob un o'r rhain? Bwyta gormod am fod pawb yn gwybod am fy hoffter i o deisen hufen ac wedi gofalu gwneud un ar fy nghyfer. Ac os oes rhywbeth na alla i ddim maddau iddi hi, teisen hufen yw honno ac o bopeth dyna'r peth gwaethaf am wneud i ddyn gofio bod ganddo stumog. Bwyta a cheisio cuddio fy nheimladau gan mai'r hyn yr hoffwn i fod wedi ei wneud ym mhobman oedd beichio crio. Ac wrth gwrs roedd yna anrhegu ym mhob un o'r partïon yma a finnau unwaith eto'n gorffen fel y dechreuais i drwy 'ddweud gair'. A'r gwir, wrth gwrs, yw nad oedd y gair byth yn gwneud cyfiawnder â'r sefyllfa gan fod yn rhaid i mi gadw ffrwyn ar fy nheimladau rhag agor y fflodiat. Gobeithio nad oedd neb yn credu fy mod i'n anniolchgar am na allwn i siarad yn gymesur â'u rhodd.

Cefais ddwy rodd arall werthfawr iawn tua diwedd fy mlwyddyn. Roeddwn wedi rhoi hysbyseb yn *Y Drafod* yn holi a oedd gan unrhyw un gopïau o rai o'r hen lyfrau Cymraeg am y Wladfa y byddent yn barod i'w gwerthu i mi. Gobeithio oeddwn i y byddai hen gopïau ar gael mewn cartrefi lle nad oedd neb bellach yn gallu darllen Cymraeg, ond nid o gartrefi felly y daeth y rhai dderbyniais i. Ac yn fwriadol y defnyddiaf y gair 'derbyn' gan i'r rhai a'u rhoddodd wrthod tâl amdanynt. Mae'r copi o *A'r Lannau'r Camwy* dderbyniais i gan Proserpina Davies a *Hanes y Wladfa Gymreig* roddodd Eiry Jones i mi ymhlith fy nhrysorau pennaf ac yn fy atgoffa'n ddyddiol o garedigrwydd mawr y bobl yma.

Yng nghanol yr holl loddesta roeddwn i hefyd yn gorfod clirio blwyddyn o fyw yn Nhŷ'r Camwy ac roed hynny'n dipyn o gamp gan mai un flêr ydw i wrth natur. Roeddwn i wedi bod yn ddigon gwirion i gadw'r holl lythyrau yr oeddwn i wedi eu derbyn a rŵan roedd yn rhaid llosgi'r cyfan yn null y Wladfa, sef drwy eu rhoi ar dân mewn hen dun allan yn yr ardd gefn. Roed yn rhaid dychwelyd yr holl bethau yr oeddwn i wedi cael eu benthyg gan chwalu fy nghartref clyd bob yn dipyn, ac yn ogystal ateb y drws i'r rhai ddeuai i ffarwelio â mi dros y dyddiau olaf hyn. A dyna fi'n teimlo yn union fel y teimlwn gartref ym Mhorthaethwy cyn cychwyn am y Wladfa, fel petawn wedi cael fy nal yng nghanol corwynt.

Ond yng nghanol yr holl brysurdeb roedd yna ynysoedd bach o heddwch fel yr un ar lan yr afon yn Lle Cul pan ddaeth Gwyn L. Williams draw. Roedd hi'n brynhawn braf iawn yng nghanol y gaeaf, yn ddigon cynnes i eistedd yno ar lan yr afon heb orfod gwisgo côt. Ac yno y buom yn sgwrsio am y Wladfa heb ddim i darfu arnom ond cân yr adar, ac efallai mai tawelwch a llonyddwch yr awr ar gyfnod o fynd di-ddiwedd sy'n gyfrifol am iddo aros mor fyw ar y cof.

A thrannoeth yr awr dawel daeth y diwrnod olaf un ag Eisteddfod Gaiman, ac wedi hynny, Sul y ffarwelio. Pan adewais Gymru y ffarwelio gwaethaf ar ryw olwg oedd gadael y gath. Bron na ddywedwn mai'r gwaethaf y tro hwn oedd mynd â'r hen gar ffyddlon yn ôl i Archie Griffiths! Roedd wedi bod yn gymaint o gaffaeliad drwy'r flwyddyn nes bod ei adael yn loes. Ond dyma fynd ag o i glwydo nes y deuai rhywun arall allan i bregethu ac o'r herwydd gael benthyg 'moto'r pregethwr'. Yna i dŷ Luned i ginio ac i'r maes awyr. Roeddwn i wedi poeni a phoeni am y ffarwelio hwn am fod cymaint wedi dweud y bydden nhw yno'n fy ngwylio'n mynd am yr awyren a'r unig beth oedd yn torri ychydig ar ddiflastod y gadael oedd y ffaith i Luned González benderfynu dod gyda mi i Buenos Aires. Ond awr anodd iawn oedd honno dreuliais i yn y maes awyr er bod llawenydd yn gymysg â'r tristwch am i rai ddod yno o gyn belled â Dolavon ac i Glyn ddod yno gyda May er nad oedd ei iechyd yn dda o gwbl ar y pryd.

Roedd Gwyn L. Williams hefyd yn teithio gyda mi i Buenos Aires ac er na allaf gofio'r daith cofiaf inni rannu tacsi gydag o'r pen arall a chyrraedd y fflat lle'r oedd Fabio, mab Luned yn aros tra oedd yn y coleg, mewn dipyn o steil ac yn llwythog o fagiau. Gan fod Fabio gartref yn Gaiman ar ei wyliau gaeaf roedd Luned a minnau'n treulio tridiau yn y fflat, a chan fod Tegai hefyd yn Buenos Aires ar y pryd cawsom ddyddiau digon difyr yno. Bu Luned a minnau'n gweld Miriam Hughes ar y nos Sul, cawsom ddiwrnod o siopa ddydd Llun a dydd Mawrth aethom ein tair i dŷ Alwina Thomas i ginio a the a chyfarfod yno â ffrindiau eraill ac â Tilsa ei merch a'r plant. Ond er mor ddifyr oedd yr holl sgwrsio, y siopa a'r bwyta, wynebu'r diwedd oeddwn i ac roedd cysgod hynny dros bopeth. Ac wrth gwrs fe ddaeth y diwrnod olaf un. Rhaid oedd cychwyn am y maes awyr yn fuan ar ôl cinio ond a minnau'n pacio am y tro olaf cyrhaeddodd Patsy, merch Vali a Jorge Irianni, a'i thri phlentyn. Roedd hi wedi dod o bellafoedd y ddinas ar y bws yn unswydd er mwyn ffarwelio â mi, ac wedi iddi fynd i'r fath drafferth dyna beth ofnadwy oedd gorfod eu hel oddi yno ar ôl cyn lleied o sgwrs am ein bod ni ar gychwyn.

Sawl gwaith yn ystod y flwyddyn oeddwn i wedi cychwyn i fan hyn a'r fan arall tybed? A rŵan dyma'r cychwyn olaf wedi cyrraedd. Lle diflas yw maes awyr ar y gorau ond pan fo un yn ffarwelio gan wybod fod pellter byd am fod rhyngddo a'i ffrindiau mae'r gair diflastod yn magu dimensiwn newydd. Fe yfwyd y cwpaned olaf o goffi a dywedwyd yr ystrydebau i gyd ond y dagrau oedd yn siarad huotlaf. Gyda'r geiriau arferol yr oeddwn i wedi eu dweud filwaith yn ystod y flwyddyn, sef Tan Tro Nesaf, y gadewais Buenos Aires.

# Edrych yn Ôl

Orffennodd y flwyddyn ddim wrth i mi adael Buenos Aires gan ei bod hi gyda mi o hyd. Gobeithiwn wrth sgrifennu hwn gael ei gwared ond nid felly y bu gan y deil y wlad a'i phobl yn rhan o fy mreuddwydion y nos ac o'm meddyliau y dydd. Wrth wneud y pethau bob dydd yma daw fflachiadau i'r cof a dyna fi'n syth yn ôl yn Gaiman eto. Gwneud *empanadas* a chofio am y swper yn nhŷ Delma a'r camgymeriad wnes i gyda gair Saesneg y tro hwn. Cael fy ngwahodd i *lunch* wnes i a gofyn am faint o'r gloch yr oedd hi'n fy nisgwyl a rhyfeddu at yr ateb, sef hanner awr wedi wyth! Sut y gwyddwn i mai dyna'r term arferol draw am ryw bryd ysgafn fin nos? Gweld potel o *Gancia* a chofio croeso Violeta a'r hwyl gawsom ni yn ei chartref hi yn Nhrelew yn yfed gwydraid o hwn ac yn bwyta pob math o fanion bethau diddorol. A chofio sŵn pethau. Homer ac Irfonwy'n canu deuawd yn y Tabernacl, Tegai'n taro'i thraed yn galed ar garreg y drws rhag dod â llwch i mewn i Dŷ'r Camwy, llais Luned yn gweiddi 'post', Alwina'n galw '*Ya va*' pan ganwn gloch ei drws ffrynt, llais dwfn, addfwyn Karen yn Esquel pan ddiolchwn iddi am rywbeth yn dweud mor gwrtais, 'Na, does dim rhaid.'

A dyna'r darluniau wedyn. Elena'n agor y drws bach yn y drws ffrynt pan ganwn y gloch; Glyn Ceiriog a'i gyllell fach finiog yn torri darn o gaws o'r rhewgell; May yn cyhoeddi'n urddasol ffurfiol yn sêt fawr y Tabernacl ac Archie Griffiths yr un modd yn Bethel; Laura ac Irma'n yfed *mate* yn Erw Fair. Mae'r rhestr yn ddiddiwedd a'r hyn sydd yn ddiddorol ynghylch y darluniau a'r sŵn yw'r ffaith mai pobl sy'n dod i'r cof a hynny am mai pobl yw'r Wladfa i ni sydd wedi gwirioni ar y lle. Cofiaf i Tegai Roberts mewn cyfweliad radio rai blynyddoedd yn ôl ofyn imi pam yr oeddwn i wedi dod yn ôl yno gan nad oedd hi'n wlad arbennig o hardd, a chofiaf i minnau ateb mai oherwydd harddwch y bobl yr oeddwn i wedi dod i'w hadnabod.

Wrth gwrs, mae gan bob gwlad ei chymeriadau ond mae gan y Wladfa fwy na'i siâr rwy'n sicr. Mae yn ei phobl ryw ruddin, rhyw wytnwch sydd efallai yn codi o amgylchiadau caled eu byw ac o'r tir di-ildio y maen nhw'n rhan ohono. Mae yno genhedlaeth o ferched hŷn sydd byth yn mynd yn hen, merched sy'n cerdded i'r capel drwy bob tywydd ac sy'n aros hyd y diwedd yn yr Eisteddfod er y gall y diwedd hwnnw fod wedi dau o'r gloch y bore, rhai fel Mwyni ap Iwan, Proserpina Davies, Edith Lyn Humphreys a llawer o rai eraill. Ac yn Nolavon roedd Gwalia Davies de Evans yn cerdded drwy bob tywydd i'r dosbarth Cymraeg ac yn ymhyfrydu yn y ffaith ei bod yn cael ychydig wersi wedi'r holl flynyddoedd. Prin iawn fu cyfle addysg y genhedlaeth hŷn ond eto mae hwn yn do sydd yn gwerthfawrogi pob agwedd ar ddiwylliant.

Ac nid dim ond ymhlith y rhain y ceir cymeriadau, diolch byth. Mae'r Wladfa'n dal i fagu dynion a merched sydd â rhyw stamp arbennig arnyn nhw. Erbyn hyn y to iau sy'n cynnal yr eisteddfodau, rhai ohonyn nhw'n Gymry o ran eu hiaith, rhai fel Sandra Day, Gladys Thomas, Mary Zampini a Laura Henry, ac eraill sydd o dras Cymreig ond sydd heb eto ymdeimlo â'r awydd i ddysgu'r iaith, a rhai eraill fyth nad oes ynddyn nhw yr un dafn o waed Cymreig. A meddylier am y rhai sy'n dod ar draws byd i astudio yng Ngholeg Harlech neu Goleg Llanbed a hwythau heb deithio fawr ddim yn eu gwlad eu hunain hyd yn oed. Dod heb adnabod y wlad na'i phobl ac yn aml heb fedru fawr ddim Cymraeg na Saesneg. Dod am eu bod yn aml yn ymglywed â rhyw reidrwydd i ddal at y traddodiadau a wnaeth y Wladfa yr hyn ydyw. Nid yng Nghymru yn unig y mae'r awydd 'i gadw i'r oesoedd a ddêl y glendid a fu'.

A ninnau'r Cymry pan awn allan yno, beth yw ein disgwyliadau ni? Os mai disgwyl gweld rhyw Gymru fach 'draw, draw tu 'hwnt i'r moroedd' yr ydym ni cawn ein siomi. Yn naturiol ddigon y Cymry fydd y rhai cyntaf inni ddod i'w hadnabod gan fod gennym iaith gyffredin, ond gwae ni os meddyliwn amdanyn nhw fel rhyw Gymry oddi cartref! Archentwyr yw'r rhain, yn falch o'u gwlad ond ar yr un pryd yn ymhyfrydu yn y ffaith eu bod yn etifeddion dau draddodiad. Bydd pobl yn aml yn gofyn faint o Gymraeg sydd i'w glywed ar y stryd yn Nhrelew neu Gaiman. Ar y cyfan yr ateb yw, dim. Ond mae hi yno o dan yr wyneb o 'hyd, fel y mae hi mewn dinasoedd fel Manceinion, Lerpwl, neu Lundain, ond bod ei llais yn cael ei foddi gan y Sbaeneg. A rhaid inni fod yn ofalus iawn rhag trosglwyddo i Ariannin y syniadau hynny am le'r Gymraeg sydd yn rhan o'n ffordd ni o fyw yma. Oherwydd ein bod o 'hyd ac o hyd yn gorfod gwarchod y Gymraeg yng Nghymru ein perygl yw ceisio gwneud yr un peth draw a dwrdio pan fo rhai y gwyddom yn iawn eu bod yn medru'r Gymraeg yn siarad Sbaeneg. Mwy cwrtais a chywir ar ein rhan fyddai diolch eu bod yn arddel y Gymraeg o gwbl. Ac yn sicr cwrteisi fyddai ceisio dysgu ychydig o Sbaeneg. Dylai'r Cymry o bawb ddeall hynny a ninnau fyth a 'hefyd yn cwyno am ddiffyg cwrteisi'r rhai a ddaw i Gymru heb wneud unrhyw ymdrech i ddysgu Cymraeg.

A'r hyn sy'n digwydd pan fo dyn yn ceisio dysgu iaith y wlad yw ei fod yn ehangu ei orwelion a'i fod felly yn dod i adnabod cymdeithas wahanol. Cawswn groeso sawl gwaith ar aelwyd Gweneira Davies de Quevedo ond pob tro yr awn yno 'hi yn unig a welwn a gwahoddid fi i swper pan oedd ei gŵr i ffwrdd, a dim ond ar ôl i mi ddechrau dysgu mwy o Sbaeneg y dois i adnabod gweddill y teulu a chael mwynhau cwmni ei gŵr, Juaquin a Susy eu merch. Ac i mi mae'r enghraifft hon yn sumbol o'r modd y peidiodd Ariannin â bod yn ddim ond Gwladfa Gymreig i mi a thyfu i fod yn wlad.

Tristwch gorffen llyfr yw sylweddoli'r hyn sydd heb ei ddweud. Efallai y bydd rhai'n teimlo na ddywedais ddigon am yr iaith Gymraeg a'i hynodion a'i phriod-ddulliau, a chyn dechrau sgrifennu llwyr fwriadwn wneud hynny. Ond beth allwn i ei ddweud na ddywedwyd mohono eisoes gan rai eraill, rhai fel Gareth Alban Davies yn ei gyfrol *Tan Tro Nesaf?* Fydd y Gymraeg byw draw? Yr unig ffordd o ateb hwnnw yw drwy ofyn fydd hi byw yng Nghymru? Yr unig beth sy'n sicr yw ei bod hi'n fyw iawn ar hyn o bryd ac os bu i'r flwyddyn dreuliais yno hwyhau ei hoes, wel da hynny. Mae eraill a ddywed mai gwastraff amser yw mynd i'r Wladfa i ddysgu Cymraeg pan fo cymaint o waith i'w wneud yma. Ond mae digon yma i wneud y gwaith ac mae'r gweithwyr yn brin draw. Dadl rhai yw na fyddai wahaniaeth yn y byd petai hi'n marw yno ond dadl rhai na fu yno yw hon. Gŵyr y rhai a ymwelodd â'r Wladfa y byddai mwy na iaith yn mynd i golli pe diflannai'r Gymraeg o'r Cwm a'r Dyffryn, byddai cyd-berthynas a chyd-ymwneud dwy wlad yn darfod am byth. Ac unwaith y mae rhywbeth yn darfod mae'n rhy hwyr i resynu na wnaethpwyd rhagor i'w achub.

Ond os bu'r flwyddyn yn wastraff amser yn ôl rhai, dyna'r gwastraffu amser mwyaf gogoneddus posibl, ac mae'n sicr y byddai Gwilym Roberts o Gaerdydd a Pedr Macmullan o Benfro yn cytuno'n llwyr â mi. Aethant hwythau yn eu tro i'r Wladfa i wneud yr un math o waith a gwirioni ar y profiad a phwy a ŵyr na fydd rhagor eto'n eu dilyn. Yr hyn sy'n sicr yw bod y sawl sy'n mynd draw yn elwa mwy nag y mae'n ei gyfrannu, a'r hyn sy 'run mor sicr yw nad yw bywyd fyth yr un fath wedyn unwaith y mae dyn wedi dal clwy'r Wladfa ac wedi cael ei swyno gan ei haul a'i hawyr las. Y drwg mawr yw fod yr awydd i fynd yn ôl dro ar ôl tro mor gryf ac Ariannin mor bell, ond wrth fynd a dod fel hyn rydym ninnau fel Neini yng ngherdd Irma Hughes de Jones:

> Yn gwau 'run pryd
> Ryw gwlwm tynn
> Rhwng Cymru bell a'r paith,

cwlwm na ddatodir mohono tra pery'r Gymraeg ar ddwy ochr Môr Iwerydd.